Daniela Lurz

Jennifer Kortländer

Kinderwagen-Wanderungen

Westallgäu

zwischen Alpsee und Bodensee

mit Dreiländereck Deutschland, Österreich und Schweiz

mit Winter- und Tragetuchwanderungen

63 Genusstouren

für das Baby- und Kleinkindalter

Hrsg.: Elisabeth Göllner-Kampel

Die Autorinnen freuen sich über Rückmeldungen, Eindrücke und Anregungen an:
Wandaverlag, Kaimhofweg 3, 83487 Marktschellenberg, office@wandaverlag.com
Kennwort: Allgäu.

Satz: Julia Weinert
Kartografie: Eva Maria Haslauer
Illustrationen: Julia Weinert
Lektorat: Johanna Weber
Druck: VVA Vorarlberg

ISBN: 978-3-9502908-8-2
Kinderwagen-Wanderungen. Westallgäu. Zwischen Alpsee und Bodensee
mit Dreiländereck Deutschland, Österreich und Schweiz.
Mit Winter- und Tragetuchwanderungen.
63 Genusstouren für das Baby- und Kleinkindalter.
Verlag: Wandaverlag, Wanda Kampel VerlagsKG,
Römerstraße 16 A-5081 Anif b. Salzburg www.wandaverlag.com
Auflage 2013.

ClimatePartner°
klimaneutral
Druck | ID: 53385-1210-1001
PEFC

Umschlagfoto: Alexander Rochau
Fotos: von den Autorinnen, anderenfalls namentliche Nennung:
Alexander Rochau: S. 32, 33, 46, 48, 55, 73, 82, 90, 124, 141, 143 und am
Innenrückumschlag Bild rechts oben und links unten;
Bernhard Mayer: S. 34, 36; Gerhard Socher: S. 52;
Annette Jordan: S. 151, 161 (2x); Melissa Heinemann: S. 147, 197

Liebe KinderwagenwaglerInnen*,

bei unseren ersten gemeinsamen Wagltouren haben wir uns immer gefragt, welche für Kinderwagen geeignete Route wir als nächstes unternehmen könnten. Alle Buchläden, die wir durchforstet hatten, konnten uns kein entsprechendes Material bieten. So hegten wir bald den Gedanken, ein eigenes Buch zu diesem Thema zu verfassen, das die Lücke für viele weitere Eltern schließen sollte. Ein passender und unsere Begeisterung teilender Verlag war schnell gefunden (Danke, Elisabeth!). Weder unseren Kindern noch uns Eltern und unserer Fitness haben die Frischluftrecherchen in unserer Wahlheimat, dem Westallgäu, geschadet. Wir können euch nur empfehlen: Packt eure Kinder in den Kinderwagen, dazu etwas zum Stärken und ein paar Windeln und macht euch auf, das Westallgäu zu entdecken. Es ist besonders durch seine einladenden Seen, die verschiedenen Obstbäume, saftigen Wiesen, ruhigen Wälder sowie seine aussichtsreichen Höhenzüge und nahen Berge sehr vielseitig und abwechslungsreich. Viele familienfreundliche Flecken konnten wir durch die Mithilfe zahlreicher, lieber AllgäuerInnen in unserem Umfeld ausfindig machen (An all jene ein herzliches Vergelt's Gott!).
Für uns beide ist mit dem Erscheinen des Buches ein lang gehegter Traum in Erfüllung gegangen. Zum einen, ein Buch zu verfassen, zum anderen, mit unseren Kindern, Männern und Freunden viel Zeit an der frischen Luft und in der Natur zu verbringen.
Wir wünschen euch eine Riesengaudi beim Ausprobieren, Entdecken, Erkunden und Energietanken in einem wunderschönen vom Klima verwöhnten Teil des Westallgäus, Vorarlbergs und der Schweiz.

Herbst 2012 Jennifer und Daniela

*unser Begriff für KinderwagenschieberInnen

Die Autorinnen

Kennengelernt haben sich die Autorinnen bereits im Geburtsvorbereitungskurs. Da beide schon immer gerne draußen unterwegs waren, legten sie schon damals begleitet von einem Lächeln ihrer Hebammen und immer größer werdendem Bauchumfange einige Kilometer zurück.

Jennifer Kortländer (je)
wohnt mit ihrer Familie in Niederstaufen. Weil sie und ihr Mann täglich ihre Portion Frischluft brauchen, sei es zu Fuß oder zu Pferd, und sich dieses Hobby auf den altbekannten Wegen mit Kinderwagen etwas schwieriger gestaltete als gedacht, reifte bald die Idee, das Westallgäu um ein Kinderwagen-Wanderbuch zu bereichern. So konnte Söhnchen Finn, der mittlerweile die Welt auf eigenen Füßen erkundet, die Liebe zur Natur gleich von klein auf mitgegeben werden.

Daniela Lurz (da)
ist vor vielen Jahren ein Aufruf des wandaverlags in die Hände gefallen, als für den Münchner Raum Mütter als Autorinnen gesucht wurden. Eine geniale Idee, fand sie: Das möchte ich auch mal werden – Kinderwagenbuchautorin. Fast 10 Jahre später ist sie nach Heimenkirch gezogen, hat geheiratet, und als Sohn Lorenz da war, wurde er eingepackt und die Wege der neuen Heimat erkundet. Das Gipfelstürmen ist geblieben, nur das Motto hat sich etwas geändert: Der Gipfel ist da, wo die Begeisterte (mit dem Kinderwagen) steht.

II. Raum Oberstaufen

4. Hündle bei Oberstaufen

Familienbergtour mit Alpseeblick und Krokusblüte (1.100 m)

da

Der von uns ausgewählte, gemütliche Weg bietet – je nach Wetterlage – ca. ab Mitte April ein einzigartiges Naturschauspiel. Auf den Bergwiesen sind dann riesige Ansammlungen von lila und weißen Krokusblüten zu sehen. Um zu diesen zu gelangen, bietet sich der Sessellift an (Kinderwagen werden gerne mitgenommen). Sportfreudige können den Berg auch mit dem Tragetuch erklimmen (eine Strecke 45 Minuten). Ansonsten wird man auf der Tour entlang des Bergrückens immer wieder mit herrlichem Weitblick zum Alpsee belohnt. Im Tal gibt es einen riesigen Abenteuerspielplatz, der zwar nicht idyllisch gelegen ist, jedoch keine Wünsche offen lässt.

Eine Verlängerung ist über den Erlebniswanderweg (Rundweg), der insbesondere für kleine Kinder sehr schön ist, möglich. Wenn überhaupt, empfehlen wir ihn nur mit Tragetuch, da es bergab einige Passagen gibt, die richtig steil sind (siehe auch Wegbeschreibung).

Wetter: Anforderung: Dauer: 45 min

Anforderung: Leicht; ein kurzes, steileres Stück; guter Schotterweg und am Ende Grasweg.
Verlängerung: Schwer; sehr steil; guter Forstweg und Asphaltstraße.

Dauer: 45 min; 2 km (eine Strecke); 120 Hm.

Wetter: Klass. Wanderwetter.

Wanderwert für Kinder:

2–3 Jahre:	Ein Kinderparadies; im Tal großer Abenteuerspielplatz und Streichelzoo; am Berg Kühe und in der Mitte der Wanderung gibt es ein kleines, niedriges „Baumhaus", das zum Besuch einlädt.
4–6 Jahre:	Siehe unter 2-3 Jahre; Sommerrodelbahn (geht nur von Talstation aus!); am Berg Schaukäserei in der Sennalpe Obere Hündle; Verlängerung je nach Ausdauer der Kinder – siehe Wegbeschreibung – vielleicht schon geeignet; der Erlebniswanderweg ist sehr empfehlenswert.
Kinderfahrrad:	Nicht geeignet.

Anfahrt: Von Oberstaufen kommend auf der Bundesstraße 308 in Richtung Immenstadt – rechts Hündle Erlebnisbahn. (Navi: D-87534 Oberstaufen, Hinterstaufen 5)

Ausgangspunkt: Parkplatz Hündle Erlebnisbahn; kostenloser Parkplatz.

Infos/Gaststätten: *Hündle Sesselbahn, Tel. +49-8386-2720, www.huendle.de, offen täglich von 9-16:30 h. *Berggaststätte s'Hündle, Sonnenterrasse mit Bergblick, Tel. +49-8386-1720, www.huendle.de, offen Ende Mai bis Mitte Sep. täglich. *Hündle Stuben (an der Talstation), gemütlicher Biergarten (gegenüber dem Spielplatz) und Gaststube (mit Spielzimmer), Tel. +49-8386-7753, www.huendle.de, Ruhetag: Mo.

Aus der Wandertrickkiste:
Scout spielen: mit Zweigen wird für die nachkommende Wanderer der Weg markiert.

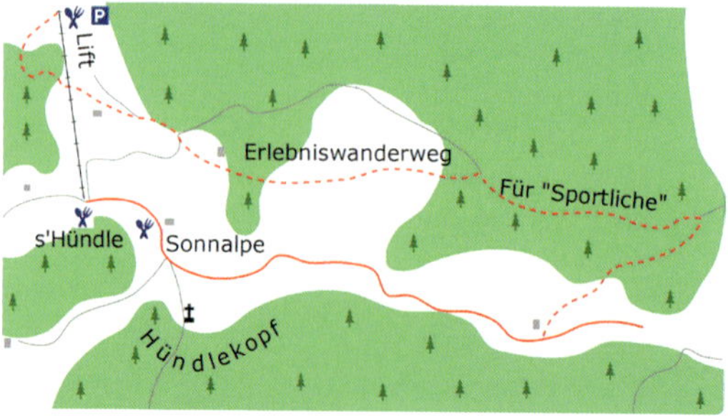

Wegbeschreibung:
Mit der Doppelsesselbahn zur Bergstation. Links den breiten Kiesweg entlang geht es leicht bergauf in Richtung Moosalpe. Nach ca. 5 Minuten gelangst du zur Sennalpe Obere Hündle. Weiter geht es auf dem Kiesweg. Das letzte Stück zu einer netten Bank in der Sonne führt über eine plattgetrampelte Wiese. Für den Kinderwagen endet hier leider die Tour und es geht auf gleichem Weg wieder zurück.

Für ganz Sportliche gäbe es eine abenteuerlustige Verlängerung: Nach der Hochsiedel-Alpe geht es links hinab in Richtung Schwand-Alpe. Auf der Strecke zweigt links der Erlebniswanderweg ab und über diesen erreicht man auch die Talstation (Gefälle von 500 Hm, Dauer ca. 2 h). Hier sind jedoch zwei (am Anfang und am Ende) sehr steile Passagen zu bewältigen. Deshalb ist dieser Weg nur für Versierte und mit Sicherung des Kinderwagens möglich.

5. Sonnhaldealp bei Oberstaufen

da

Kulinarisches Highlight für Bioliebhaber (900 m)

Einfache Alpwanderung in malerisch schöner Almlandschaft. Der Weg führt in ein entlegenes Tal zur Sonnhaldealp, wo mit Liebe Brotzeiten zubereitet und die besten Bratkartoffeln der Welt gezaubert werden. Die Kinder dürfen auf der Alpe Tiere hautnah erleben. Die letzten paar Meter zur Alpe muss der Kinderwagen getragen werden. Für Sportliche haben wir auch einen früheren AP aufgenommen. Von diesem Ausgangspunkt sind auch die Buchenegger Wasserfälle (Tour Tragetuchkapitel Buchenegger Wasserfälle) zu erreichen.

Wetter: ☀ ◔ Anforderung: ● Dauer: 1 h

Anforderung:	Einfach bis mittel, je nach Auswahl des AP: Buchenegg Wanderparkplatz (mittel; 1 km steiles Stück zu Beginn) oder Buchenegger Wasserfälle Parkplatz (einfach; kaum Steigung; Hälfte Asphaltstraße und sehr gute Schotterstraße).
Dauer:	Ab AP Buchenegger Wasserfall-Parkplatz 1 h; 3 km (eine Strecke); 30 Hm. Ab Buchenegg 1 ½ h; 4 km (eine Strecke); 80 Hm.
Wetter:	Klass. Wanderwetter.

Wanderwert für Kinder:

2–3 Jahre:	Kleiner Wasserfall zum Plantschen auf halber Strecke, Tiere auf der Alp (Kühe, Schweine, Ziegen, Hühner)
4–6 Jahre:	Siehe unter 2–3 Jahre.
Kinderfahrrad:	Bedingt geeignet, nur für sehr geübte RadlerInnen, siehe unter Anforderung.

Anfahrt: Von Oberstaufen kommend auf der Bundesstraße Richtung Immenstadt fahren – nach der Hündle Bahn links nach Isny abbiegen – sofort wieder links über die Brücke in Richtung Hinterstaufen und Buchenegg halten – dann rechts auf der Straße – durch Hinterstaufen hindurch, an den Bahngleisen ein kurzes Stück entlang auf dem Sträßchen nach Buchenegg – in Buchenegg gibt es einige wenige Parkplätze – wenn du an der Kapelle rechts fährst, vorbei an Seppl's Gartenwirtschaft – den braunen Schildern zum Wasserfall folgen – hier kommt ein großer Parkplatz mit Parkscheinautomaten. (Navi: D-87534 Buchenegg)

Ausgangspunkt: Buchenegg; kostenloser Wanderparkplatz oder kostenpflichtig 1 km weiter Buchenegger Wasserfälle-Parkplatz.

Infos/Gaststätten: *Sonnhaldealp, Bio-Demeterbetrieb, gemütlicher Biergarten, eigene Herstellung von Alpkäse, www.alpe-sonnhalde.de, geöffnet von 1. März bis 31. Okt. *Seppl's Gartenwirtschaft, schattige Panoramaterrasse, großer Spielplatz, von Sitzplätzen einsehbar, Tel. +49-8386-4392, www.seppls-gartenwirtschaft.de, Ruhetag Fr.

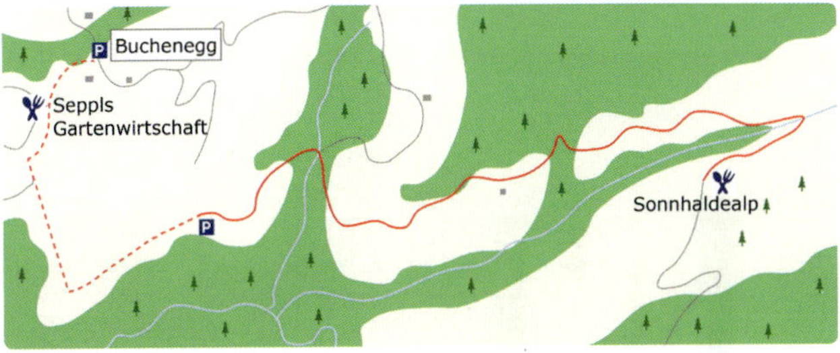

Wegbeschreibung:
Vom kostenlosen Wanderparkplatz in Buchenegg geht es in Richtung Seppl's Gartenwirtschaft und weiter die wenig befahrene Asphaltstraße entlang. Bald kommt das steilste Stück des Weges, hinauf zum Buchenegger Wasserfall-Parkplatz. Die 80 Höhenmeter haben es in sich, können jedoch auch mit dem Auto zurückgelegt werden. Folge der Straße, die sich durch einen Wald schlängelt und an einigen Bergbauernhöfen vorbeigeht. Sanft bergauf und bergab geht die asphaltierte Straße bald in einen gut befahrbaren Schotterweg über. Nach einiger Zeit siehst du auf der rechten Seite schon auf gleicher Höhe die Sonnhaldealp. An der Kehre am Mittelbach rechts abbiegen und dem Schild zur Sonnhaldealp folgen. Rück- wie Hinweg.

Aus der Wandertrickkiste:
Brezerl z.B. aus Bio-Dinkel mit einer Schnur zu einer Kette fädeln. Gehend und knabbernd vergeht die Zeit wie im Flug. (Achtung: aufgrund der Verletzungsgefahr nicht um den Hals legen lassen)

6. Entlang der Weissach

zu den Wasserfällen, bei Oberstaufen (680 m)

da

Eine gemütliche Wanderung auf sonniger, wenig befahrener Straße entlang der Weissach an der Grenze zu Österreich. Einige Bänke laden zum Ausruhen ein und der Fluss bietet eine Möglichkeit zum Plantschen. Sehr sehenswert ist die alte, überdachte Holzbrücke. Ziel sind der Krebswasserfall und der Eibelewasserfall, die besonders beeindruckend sind, wenn die Schneeschmelze und Hochwasser im Frühling aufeinandertreffen. Im Sommer können die Kinder im Eibelewasserfall plantschen. Der Weg kann als Rundweg erweitert werden. Dieser beinhaltet jedoch einen anstrengenden Bergauf- und -abstieg, mit schönem Blick in die Berge. Dieser Weg ist nur für trainierte KinderwagenschieberInnen geeignet! Zur Weidezeit besser zu zweit gehen, es könnten Zäune gespannt sein. Wir empfehlen, ihn mit Bandschlinge zu laufen. Im Winter ist der Weg bis zum Krebswasserfall geräumt.

Wetter: Anforderung: Dauer: 1 h

Anforderung:	Leicht; geringe Steigung/Gefälle; Asphaltstrecke. Erweiterung zu RW: Schwer; starkes, sehr steiles Gefälle; Asphalt- und Schotterweg. Zur Weidesaison könnte es sein, dass der Kinderwagen beim erweiterten RW über Zäune gehoben werden muss (dadurch nur zu zweit möglich).
Dauer:	1 h; 4,5 km (eine Strecke); 50 Hm. Erweiterung zu RW: Insg. 3 h; 9 km; 230 Hm.
Wetter:	Klass. Wanderwetter. Einfache Strecke auch im Winter geeignet.

Wanderwert für Kinder:

2–3 Jahre:	Kühe auf den Weiden; überdachte Holzbrücke; Plantschen in der Weissach und beim Eibelewasserfall; Staudamm und zwei Wasserfälle am Endpunkt der Route.
4–6 Jahre:	Siehe unter 2–3 Jahre.
Kinderfahrrad:	Die einfache Strecke ist geeignet. Nach ca. 1 km beginnt das Fahrverbot, danach nur mehr Anliegerverkehr (Steigungen und Gefälle müssen beherrscht werden). Die Verlängerung (Rundweg) ist nicht geeignet.

Anfahrt: Von Lindenberg kommend die Bundesstraße 308 in Oberstaufen abfahren – sofort noch mal rechts abbiegen in Richtung Dornbirn und der Staatsstraße bis Weissach folgen. (Navi: D-87534 Oberstaufen, Mühlenstraße 24)

Ausgangspunkt: Oberstaufen / Weissach; gebührenfreier Wanderparkplatz,gegenüber der Enzianhütte.

Infos/Gaststätten: *Erlebnisbad Aquaria, kinderfreundliches Freizeitbad, Tel. +49-8386-931340, www.aquaria.de, täglich 9-22 h. *Café Ponyhof, der Name mag ein bisschen täuschen, da es sich um keinen Kinderponyhof handelt, sondern eher um ein Treff mit Musik für die ältere Generation, eignet sich aber, um kurz Getränke zu holen, geöff. Ab 14 h, Ruhetag: Mo.

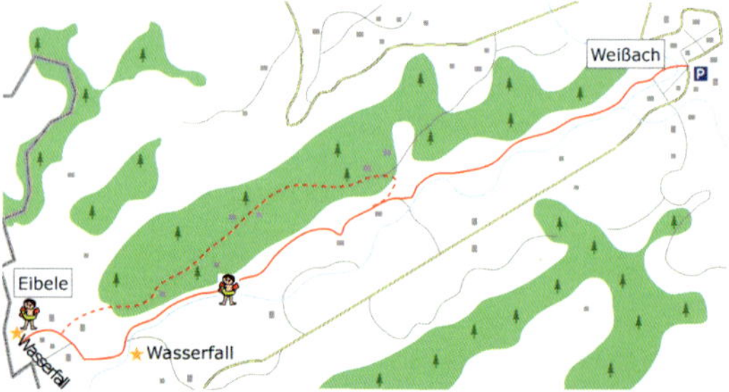

Wegbeschreibung:
Vom Ausgangspunkt gilt es leider die vielbefahrene Straße zu überqueren. Dann kommt der ruhige Teil der Runde entlang der Straße „Am Steinbruch" zwischen Weissachmühle und Enzianhütte in Richtung Aach. Dabei verlässt du den Ort Weissach und folgst dem Schild in Richtung Unterwillis. Der Weg führt leicht ansteigend entlang dem Fluss Weissach. Schon bald tauchen links eine alte überdachte Holzbrücke und einige Höfe auf. Halte dich immer auf der rechten Seite des Flusses, der Weg führt teilweise auch etwas entfernt der Weissach entlang. Fast alle 15 Minuten bieten Bänke die Möglichkeit zum Pausieren. Nach 30 Minuten gibt es eine flache Kiesstelle, die in die Weissach führt. Es geht weiter direkt entlang der Weissach bis zum Krebswasserfall. Rechts geht es weiter Richtung Eibele und dann links zu den ausgeschilderten Eibele-Wasserfällen. Hier ist der Endpunkt der Route. Gleicher Rück- wie Hinweg.

Verlängerung Rundweg: In Eibele (noch vor dem Wasserfall) weist rechts ein Wegweiser Richtung Café Ponyhof den Weg. Kurz hinter dem Café Ponyhof ist der höchste Punkt der Wanderung erreicht und es geht im Wald wieder bergab. Aus Sicherheitsgründen empfehlen wir hier, eine Bandschlinge am Kinderwagen zu befestigen! Der Weg schlängelt sich steil den Weg hinab. Wieder an der Weissach angekommen, geht es links den Weg zurück zum Parkplatz.

7. Schindelberg bei Steibis

eine schöne Sommer- wie Wintertour (897 m)

je

Dieser Weg ist aufgrund seiner Kürze fast schon ein Ausflugsziel. Aber ein, bei Alt und Jung, sommers wie winters beliebtes und – unserer Meinung nach – auch extrem familienfreundliches. Direkt beim Starennest gibt es im Winter einen Babylift, einen Rodelhang sowie eine Loipe und in der schneefreien Zeit viel Platz zum Austoben, einen Spielplatz, allerlei Getier und ein Trampolin. So richtig nett für einen Schlendrian-Nachmittag. Eine Verlängerung ist mit der Tour Dreiländerblick möglich.

Wetter: Anforderung: Dauer: 1/2 h

Anforderung:	Leicht; eine kurze Steigung; befestigter Wanderweg.
Dauer:	Ca. 1/2 h; 1 km (eine Strecke).
Wetter:	Klass. Wanderwetter; aufgrund der Kürze auch bei leichtem Nieselwetter geeignet; im Winter Weg geräumt.

Wanderwert für Kinder:

2–3 Jahre:	Der Wald lädt zum Erkunden ein und der Bach zum Plantschen; Pferde auf der Koppel / im Stall; Ski- und Rodelmöglichkeit, kleiner Spielplatz, Tiere und vieles mehr beim Familienhotel „Starennest" (siehe u. Infos oder Website).
4–6 Jahre:	Siehe unter 2–3 Jahre.
Kinderfahrrad:	Nicht geeignet.

Anfahrt: Von Lindenberg kommend der Bundesstraße 308 Richtung Oberstaufen folgen – rechts nach Oberstaufen abbiegen und weiter nach Steibis fahren – dort vor der Kirche rechts Richtung Schindelberg abbiegen – rechts unterhalb des Spielplatzes parken. (Navi: D-87534 Oberstaufen, Am Anger 30)

Ausgangspunkt: Kostenfreier Parkplatz an der Straße, unterhalb des Spielplatzes. Alternativ kann man auch (gegen Einkehr zu Beginn oder am Ende der Wanderung) die Parkplätze des kinderfreundlichen „Birkenhof" belegen.

Infos/Gaststätten: *Ferienhotel „Starennest", schöne Sonnenterrasse mit Ausblick, sehr familienfreundlich (Wickeltisch, Tiere, Ski-/Rodelhang, kleiner Spielplatz) und gut bürgerliche Küche, Selbstbedienung, Tel. +49-8386-93936-0, www.starennest.de. *Wellvital-Hotel „Birkenhof", gute, gehobenere Küche, schöne Terrasse, sehr kinderfreundlich mit Malset und Duplosteinen für die Kleinen, sowie Kinderkarte, Tel. +49-8386-98080, www.birkenhof-oberstaufen.de. *Skilift Schindelberg, familienfreundlich mit Anbindung in die Skiarena Steibis, Tel: +49-8386-969886, www.starenlift.de.

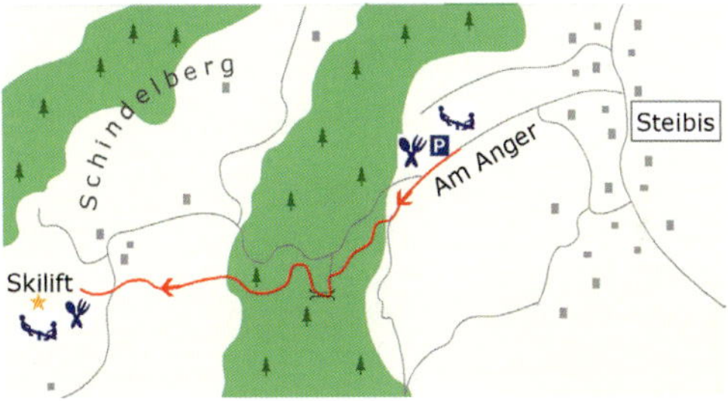

Wegbeschreibung:
Vom Ausgangspunkt der Straße bis zum Hotel Wellvital Birkenhof folgen. Gegenüber geht es links den Weg hinauf. Nach dem Hof (rechts) führt der Weg vorbei an einem Pferdestall in den Wald hinein. An der Weggabelung links zur Brücke hinunter gehen und den Bach überqueren. Aus dem Wald heraus geht es an der Kreuzung beim Hof links bis zum Familienhotel „Starennest". Gleicher Rück- wie Hinweg.

Aus der Wandertrickkiste:
Jedes Kind darf sich drei Figuren aussuchen und daraus wird eine Geschichte gesponnen.

8. Gipfeltour zum Dreiländerblick

bei Steibis (1.057 m)

da

Eine abgeschiedene Gipfeltour mit genialer Aussicht und großem Gipfelkreuz mit Bank. Außerdem mit dem Kinderwagen zu erreichen, das lässt das Herz von BergstürmerInnen höher schlagen, jedoch erfordert die Steigung etwas Kondition.

Noch empfehlenswerter ist es, die Tour mit Tragetuch zu gehen. Hier haben wir eine eigene Variante zusammengestellt, weil die Route wirklich wunderschön ist. Sie geht abseits von Straßen und großen Forstwegen, durch wunderbare Bergwiesen und Wälder, über eine einsame Lichtung. Am Ende wird es etwas felsiger und zur Krönung ein Gipfelkreuz mit Bank und phantastischem Bergblick. Hier gibt es einfach viele Elemente einer guten Bergtour. Überzeugt euch selbst und lauft sie.

Wetter: Anforderung: Dauer: 1 h

Anforderung: Schwer; Asphaltstraße und Forstweg; ca. 100 m Wiese zum Gipfelkreuz.

Dauer: KW-Variante: 1 h; 4 km (eine Strecke); 170 Hm.
TT-Variante: 40 Minuten; 2 km (eine Strecke); 190 Hm.

Wetter: Klass. Wanderwetter.

Wanderwert für Kinder:

2–3 Jahre:	Der Wald und die Wiesen laden zum Erkunden ein; kleiner Spielplatz und Tiere beim Familienhotel „Starennest“; Weiden mit Kühen; Gipfelkreuz mit Bankerl zum Ausruhen oder Picknicken.
4–6 Jahre:	Siehe unter 2–3 Jahre.
Kinderfahrrad:	Nicht geeignet.

Anfahrt: Von Lindenberg kommend der Bundesstraße 308 Richtung Oberstaufen folgen – rechts nach Oberstaufen abbiegen und weiter nach Steibis fahren – dort vor der Kirche rechts Richtung Schindelberg abbiegen – in Schindelberg kommt der Wanderparkplatz auf der rechten Seite.
(Navi: D-87534 Oberstaufen/Schindelberg, Fluhstraße 3 – nächstgelegenes Haus)

Ausgangspunkt: Kostenfreier Wanderparkplatz in Schindelberg, nach der Rochus Kapelle links.

Infos/Gaststätten: *Ferienhotel „Starennest“, siehe Tour Schindelberg.

Wegbeschreibung:

Vom Familienhotel „Starennest“ den Schildern Richtung Dreiländerblick folgen. Die Asphaltstraße geht steil den Berg hinauf. An Wied vorbei führt der Weg nach dem Waldstück rechts auf einen Forstweg zum Dreiländerblick und erreicht nach wenigen Kurven eine Alpe. Das letzte Stück führt links über eine Weide, die nur schwer mit Kinderwagen befahren werden kann. Es empfiehlt sich aber, die letzten hundert Meter das Kind aus dem Kinderwagen zu nehmen und zu tragen.

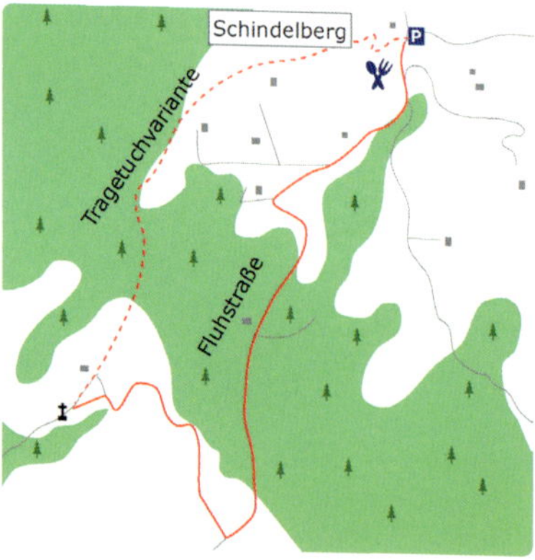

Tragetuch-Variante: In Schindelberg bei der St. Rochus Kapelle in die St. Rochus Straße einbiegen. Wenige Meter später geht links ein schmaler Schotterpfad ab (Holzschild Dreiländerblick). Der Pfad ist ausgetrampelt und führt über eine Weide. Weiter oben geht es links weiter und in den Wald hinein. Hier ist der Weg etwas schlechter beschildert, es gilt die nahe Lichtung zu finden, die durchquert werden muss und am Ende links dem Anschlusspfad folgen (Achtung: Wiese ist feucht!). Der Weg wird immer steiler und der Blick zum Gipfelkreuz Dreiländerblick öffnet sich dir. Nun geht's auf einem Pfad durch die Wiese hindurch zum Gipfelkreuz.

9. RW Familienspaß am Alpenerlebnispfad auf dem Imberg bei Steibis (1.280 m)

da

Die Imberg-Wanderung ist wunderschön. Mit der Gondel geht es auf über 1.000 m Seehöhe und dann auf gut befestigtem und ungefährlichem Rundweg weiter, vorbei an abwechslungsreichen Stationen entlang des tollen Alpenerlebnispfades. Immer wieder gibt es schöne Ausblicke auf die Nagelfluhkette. Die Strecke kann variabel gekürzt werden und ist ideal für den Kinderwagen. Hier wird purer Berggenuss geboten! Im Gebiet Hochhäderich/Steibis haben wir eine kleine Auswahl unterschiedlicher Runden zusammengestellt (siehe auch Tour Koje und Hochhäderich). Bei Schnee kann von der Imberg-Bergstation eine alternative Strecke heruntergerodelt werden. Für besonders Lauffreudige ist es auch möglich, den Kinderwagen eine ruhige, stetig ansteigende Asphaltstraße zur Bergstation hoch zu schieben. Der Weg ist von der Talstation ausgeschildert. Das ist aber aufgrund von Strecke und Dauer eigentlich schon eine eigene Tour.

Wetter: | Anforderung: | Dauer: 2 bzw. 3 1/2 h

Anforderung:	Mittel; leichte Steigungen; hauptsächlich Asphaltstraße oder sehr guter Kiesweg.
Dauer:	Kleine Runde: 2 h; 5 km; 160 Hm. Große Runde: 3,5 h; 7 km; 250 Hm.
Wetter:	Klass. Wanderwetter; bei Schnee bietet die Imbergbahn eine beliebte Rodelstrecke.

Wanderwert für Kinder:

2–3 Jahre:	Kühe auf den Weiden; Alpe Glutschwanden mit Pferden, Esel, Hennen; Spielplätze an der Talstation Imbergbahn; einige Wasserstellen, die zum Plantschen einladen; Erlebnisstationen (z.B. Moor treten).
4–6 Jahre:	Siehe unter 2–3 Jahre. Im Winter beliebte Rodelstrecke.
Kinderfahrrad:	Nicht geeignet.

Anfahrt: Aus der Richtung Weiler Bundesstraße 308 (Alpenstraße) in Richtung Oberstaufen kommend bei Oberstaufen rechts von der Bundesstraße abbiegen und nochmals scharf rechts in Richtung Weißach – durch Weißach hindurch und am Ortsausgang links in Richtung Steibis abbiegen – durch Steibis durch und am Ende des Ortes nach rechts zur Imbergbahn. (Navi: D-87534 Oberstaufen-Steibis, In der Au 19)

Ausgangspunkt: Talstation Imbergbahn; kostenloser Parkplatz.

Infos/Gaststätten: *Imbergbahn, Berg- und Talfahrt für einen Erwachsenen 13 Euro, Familienticket 2 Erwachsene + Kinder 37 Euro, Tel. +49-8386-8112, www.imbergbahn.de, täglich 9-16:30 Uhr geöffnet. *Imberghaus, Berggasthof mit Panoramabalkon, Ferienwohnung, Tel. +49-8386-8106, www.imberghaus.de. *Alpe Glutschwanden, gemütliche Hüttenstube und Sonnenterrasse, Tel. +49-8386-8042, www.steibis.com/home/alpe-glutschwanden.htm. *Alpe Hochwies, Schaukeln, Tel: +49-8386-8137. *Berggasthof Hochbühl, Panorama-Sonnenterasse, kleiner Spielplatz und Wildpark, Tel. +49-8386-8138, www.berggasthof-hochbuehl.de. *Käserei Steibis, Allgäuer Spezialitätenkäserei, Käsereiführung Di. 10:30 h, Anmeldung erforderlich, Tel. +49-8386-8156, www.berg-kaese.de.

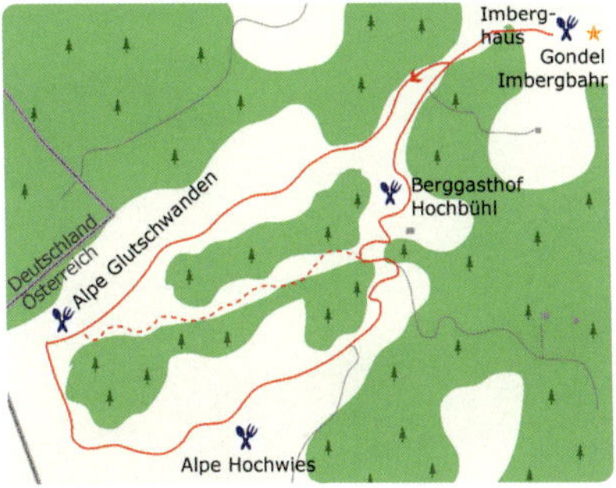

Wegbeschreibung:
Von der Bergstation geht rechts ein befestigter Schotterweg durch den Wald. Am Ende des Waldes querst du die Asphaltstraße am „Steinegund" und nimmst den Höhenweg in Richtung Alpe Glutenschwanden. Nun entlang des Alpenerlebnispfades auf befestigtem Weg über die Weiden. An der Alpe Glutenschwanden kannst du nun die kleine (5 km) oder große Runde (7 km) weiter gehen. Die kleine Runde geht direkt an der Alpe links ein Gefälle hinunter. Es ist die schattigere Variante und führt entlang des Lanzenbachs, wo es gerade im Tal bei der „Schmalzgrube" einige schöne Plätze zum Plantschen, Beine kühlen und Brotzeit machen gibt.

Die große Runde geht geradeaus an der Alpe Glutenschwanden vorbei. Den Alpenerlebnispfad, Schildern in Richtung Alpe Hochwies folgen. Auf der großen Runde gibt es einige tolle Stationen, z.B. eine Hängebrücke oder eine Barfuß-Moortretstelle. Auch einige Bänke laden zum Pausieren ein. An der Alpe Hochwies warten eine kleine Kapelle und zwei Schaukeln. Nun geht es leicht bergab entlang der Asphaltstraße bis ins Tal, wo eine Brücke über den Lanzenbach geht. Hier führen beide Runden zusammen und dann in leichten Kurven den Berg hinauf, vorbei an der Hochbühl Alpe. Am „Steinegund" biegt rechts ein Schotterweg ab, der zurück zum AP führt.

10. Richtung Hochgrat zur Unterlauchalpe bei Steibis (996 m)

je

Wer ein bisschen Bergluft schnuppern will, ist bei dieser Tour genau richtig. Die kurze Wanderung führt über eine Asphaltstraße zwischen Weiden hindurch zur gemütlichen Alpe. Die freilaufenden, freundlichen Kühe sind vor allem für die Kleinen ein Erlebnis (bitte jedoch nicht füttern). Hier lässt sich Natur und schöne Allgäuer Landschaft – und noch dazu ohne größere Kraftanstrengung – so richtig genießen! In der Nähe der Alpe gibt es auch eine 1000-jährige Eibe zu bestaunen.
Anmerkung: Zum Staufner Haus und Hochgrat geht es nur mehr mit Tragetuch weiter (Tour Tragetuch Hochgrat).

Wetter: Anforderung: Dauer: 30 min

Anforderung:	Leicht; leicht ansteigende Asphaltstraße (Serpentinen); einige Meter sehr steil.
Dauer:	Ca. 1/2 h; 1,4 km (eine Strecke); 100 Hm.
Wetter:	Klass. Wanderwetter.

Wanderwert für Kinder:

2–3 Jahre:	Wiesen laden zum Tollen und Spielen ein; frei laufende Kühe auf dem Weg.
4–6 Jahre:	Siehe unter 2–3 Jahre.
Kinderfahrrad:	Ja (aber Steigung beachten).

Anfahrt: Von Lindenberg kommend der Bundesstraße 308 Richtung Oberstaufen folgen – von der 308 rechts Richtung Oberstaufen abbiegen und gleich wieder rechts Richtung Steibis fahren – der Straße folgen, durch Weißach durch und dann links Richtung Steibis abbiegen – durch Steibis durchfahren und der Straße zum Hochgrat folgen (ausgeschildert) – neben der Talstation parken.
(Navi: D-87534 Oberstaufen, Lanzenbach 5, Hochgrat)

Ausgangspunkt: Kostenpflichtiger Parkplatz neben der Talstation.

Infos/Gaststätten: *Unterlauchalpe, einfache, gute Bergküche, Kinder können auf der Wiese tollen (einsehbar), wer draußen sitzen will, hat im Sommer fast den ganzen Tag über Sonne, Tel. +49-8386-8177, geöffnet während der Alpsaison (Mitte Mai bis Mitte Oktober), Ruhetag: Mo.

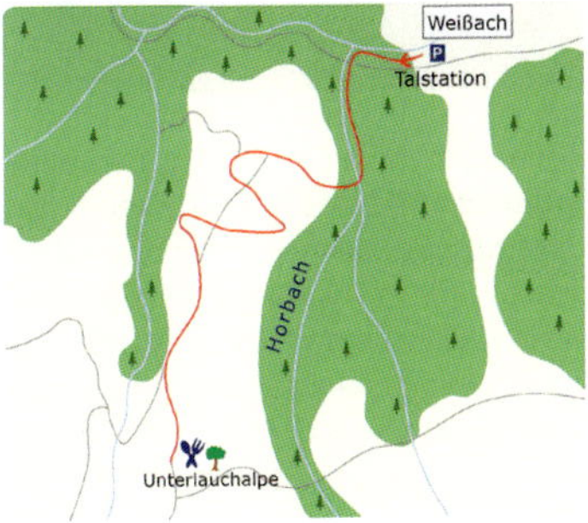

Wegbeschreibung:
Groborientierung: Schildern Richtung Staufner Haus folgen. Vom Ausgangspunkt in Richtung Talstation laufen und die Hauptstraße, auf der du gekommen bist, kurz entlanggehen. Bei der ersten Abzweigung links abbiegen und den Schildern Richtung Staufner Haus folgen. Die Asphaltstraße führt dich in Kurven zur idyllischen Unterlauchalpe. Gleicher Rück- wie Hinweg.

11. Königsalpe - Haflinger Alpe

mit schönem Ausblick, bei Stiefenhofen (908 m)

da

Hier haben wir eine einfache, aber echt lohnenswerte Kinderwagenroute. Sie ist auch für Omas und Opas gut zu bewältigen und am Ziel wird man mit regionalen Brotzeiten und hausgemachtem Kuchen auf einer schönen Alpe belohnt. Diese liegt eingebettet in die grüne Allgäuer Hügellandschaft. Bei schönem Wetter ist reichlich Platz an der Sonne. Auf der Königsalpe wird viel Abwechslung für Kinder geboten, z.B. stehen Haflinger mit Fohlen auf den Koppeln und für die Kinder gibt es Ponyreiten oder vielleicht darf es für die ganze Familie sogar eine kleine Kutschenfahrt sein.

Wetter: Anforderung: Dauer: 30 min

Anforderung:	Leicht; fast eben; durchgehend asphaltierte Straße.
Dauer:	1/2 h; 3 km (eine Strecke); 60 Hm.
Wetter:	Jedes Wetter, auch bei Regen gut begehbar, weil kurz und ein warmer Kachelofen wartet.

Wanderwert für Kinder:

2–3 Jahre:	Kühe auf den Weiden; kleine Kapelle; Pony und Ziegen streicheln; Spielplatz (Sandkiste und Schaukel); Pferdekutschfahrt.
4–6 Jahre:	Pony reiten (bei vorheriger Anmeldung).
Kinderfahrrad:	Geeignet.

Anfahrt: Von Oberstaufen in Richtung Stiefenhofen – im Ort Wolfsried nach rechts in Richtung Mutten und Trabers abbiegen – kurz nach Trabers befinden sich ausgewiesene, kostenlose Wanderparkplätze entlang des Weidezauns.
(Navi: D-88167 Stiefenhofen, Trabers 9)

Ausgangspunkt: Trabers, kostenloser Wanderparkplatz.

Infos/Gaststätten: *Königsalpe, regionale Brotzeiten, sehr kinderfreundlich, Öffnungszeiten: April Sa & So (bei schönem Wetter), v. 1. Mai – Anfang Nov. tägl. von 11:30-18 h, Tel. +49-8386-7177, www.alpgenuss.de (Partneralpe). (Die Asphaltstraße ist eine Mautstraße und kann gegen Bezahlung auch mit dem Auto befahren werden. Das machen aber die wenigsten.)

Wegbeschreibung:

Aufgrund der einfachen Wegführung bedarf es nicht wirklich einer Wegbeschreibung. Einfach der kleinen Asphaltstraße in Richtung der Beschilderung Königsalpe folgen.

12. RW Stiefenhofen

bei Stiefenhofen (794 m)

je

Dieser einfache Rundweg um den verschlafenen Ort Stiefenhofen bietet schöne Blicke in die Region und eine abwechslungsreiche Wegführung mit diversen Höhepunkten. Im Ort selber sollte man sich das Hochwasserrückhaltebecken nicht entgehen lassen. Ansonsten passiert man vor allem am Fluss alte Mühlen- und Sägewerkstandorte. Mit etwas Glück, fährt auch mal ein Zug die Eisenbahnlinie entlang. Leider muss man zweimal ein kurzes Stück (knapp 20 Meter) an der Hauptstraße entlang, um den Weg barrierefrei genießen zu können. Einmal muss man sie auch überqueren. Hier also etwas aufpassen. Es geht kaum befahrene, asphaltierte Nebenstraßen und feste Feldwege entlang. In Oberthalhofen befindet sich zudem noch ein schöner, gepflegter Spielplatz mit Tischtennisplatte (sehr sonnig gelegen).

Wetter: Anforderung: Dauer: 1 ¾ h

Anforderung:	Leicht bis mittel; zwei mittlere Steigungen; Asphaltstraßen, Feldwege.
Dauer:	RW ca. 1 ¾ h; 6,7 km; 80 Hm.
Wetter:	Klass. Wanderwetter, auch bei leichtem Regen geeignet.

Wanderwert für Kinder:

2–3 Jahre:	Schöner Spielplatz mit Kiesboden und Tischtennisplatte; Bach und Kneippbecken laden zum Plantschen ein und der Wald zum Entdecken; mit etwas Glück fährt eine Eisenbahn vorbei.
4–6 Jahre:	Siehe unter 2–3 Jahre; Infotafeln.
Kinderfahrrad:	Bedingt geeignet, es könnte doch mal ein Auto kommen.

Anfahrt: Von Lindenberg kommend die Bundesstraße 308 nach Oberstaufen nehmen – im zweiten Kreisverkehr die dritte Ausfahrt nach Simmerberg – durch den Ort durch und später links nach Stiefenhofen fahren – in Stiefenhofen links und dann rechts zur Sport-und Festhalle abbiegen – links zur Schule hoch und dahinter bei der Halle parken. (Navi: D-88167 Stiefenhofen, Schulstraße 13)

Ausgangspunkt: Kostenfreier Parkplatz bei der Sport- und Festhalle.

Infos/Gaststätten: *Beim Kräuterwirt Rössle, wunderschöner Biergarten mit Kräutergarten, Wickeltisch, Spieleecke und Kindermenü, Gästezimmer; schönes Ambiente, gehobene Küche und dementsprechende Preise, Tel. +49-8383-92090, www.roessle.net Ruhetag: Mi. *Zum Rössle, selbstgemachte Kuchen und leckere Brotzeiten, kleiner Biergarten vor dem Haus, Tel. +49-8383-307, www.gasthaus pension-roessle.de.

Wegbeschreibung:

Vom Ausgangspunkt zur Dorfmitte laufen (am besten über den Friedhof bei der Kirche, um die Straße zu vermeiden) und hinter dem Dorfbrunnen rechts abbiegen. Rechts empfehlen wir den kleinen Abstecher zum Hochwasserrückhaltebecken und dem kleinen Kneippbecken (Minirund-

weg, dauert ca. 5 Minuten). Ansonsten der Straße weiter folgen und links Richtung Ranzenried abbiegen. Angekommen, verläuft der Weg links einen Feldweg zum Feriendorf Wolfsried entlang. Nun kommt das erste Stück Hauptstraße. Dieser die paar Meter rechter Hand folgen und links die erste Asphaltstraße den Hügel hinauf nehmen (Hauptstraße überqueren, Richtung Weißenbachmühle). Den großen Hof passieren und dann wieder rechter Hand den Hügel hinunter. Achtung: Hier nicht links den Schildern Weißenbachmühle, sondern der Straße zurück zur Hauptstraße folgen. Dort links abbiegen, kurz der Hauptstraße nach und dann die nächste Straße links zur Weißenbachmühle nehmen. (Folgt man dem anderen Weg, muss der Kinderwagen über einen Zaun gehoben werden, also hier nur zu zweit begehbar.) Der Weg führt über eine Eisenbahnbrücke und verläuft dahinter links am Fluss Argen entlang, bis nach Oberthalhofen. Hier beim Gasthof Rössle links abbiegen und die Steigung (rechts befindet sich der Spielplatz) zurück nach Stiefenhofen und zum AP bewältigen.

13. RW Winterwanderung bei Hopfen mit Schneespaß für größere Kinder (860 m)

da

Diese Winterrunde zeichnet insbesondere die Nähe zum kleinen und feinen Skigebiet der Panoramalifte in Hopfen aus. Für sportliche Eltern ist auch eine Langlaufloipe (5 km klassisch) vorhanden. Der Winterweg ist präpariert und geht durch ansonsten unberührte Schneelandschaft, ein Genuss für sportliche Eltern, die auch gerne im Winter mit dem Kinderwagen unterwegs sind.

Wetter: Anforderung: Dauer: 1 h

Anforderung:	Mittel; planierter, an manchen Stellen unebener Winterschneeweg; kurzes Gefälle und Steigung; geländegängiger Kinderwagen notwendig!
Dauer:	RW 1 h; 2,5 km; 60 Hm.
Wetter:	Schönes Winterwetter, nur bei guter Schneelage geeignet.

Wanderwert für Kinder:

2–3 Jahre:	Schneespaß auf unbefahrenen Wegen, Natur pur; der Schlitten kann den ganzen Weg gezogen werden.
4–6 Jahre:	Siehe 2-3 Jahre, Tubing (Reifenschneebahn), ab ca. 5 Jahren dürfen die Kinder alleine Lift fahren (Kinder im Schoß der Eltern mitnehmen ist nicht möglich!).
Kinderfahrrad:	Nicht geeignet.

Anfahrt: Auf der Bundesstraße 32 von Heimenkirch kommend am Kreisverkehr die dritte Ausfahrt (Richtung Oberstaufen) nehmen – beim nächsten Kreisverkehr die zweite Ausfahrt (Richtung Oberstaufen) – nach Oberreute kommt links eine kleine Abzweigung in Richtung Hopfen/Hopfen Panoramalifte.
(Navi: D-88167 Stiefenhofen, Hopfen 21)

Ausgangspunkt: Hopfen Panoramalifte, kostenfreier Parkplatz.

Infos/Gaststätten: *Skigebiet, kinderfreundlich mit Skikursen oder Tubing (Reifenschneebahn), Öffnungszeiten: 9:30-16:30 Uhr, www.panoramalifte.de. *Einkehr an der Talstation (Sitzplätze nur im Freien) möglich. *Artemesia, Teestube zum Ausruhen, am Anfahrtsweg kurz vor dem Ausgangspunkt rechts, Öffnungszeiten Mi-So 12-18 h, www.artemesia.de.

Wegbeschreibung:

An der Panoramalift-Anlage gegenüber dem Wanderstüble beginnt sowohl die Langlaufloipe als auch der ausgeschilderte Winterwanderweg. Der gut gewalzte Weg beginnt rechts mit einem großen Schild „Winterwanderweg“, führt ein leichtes Gefälle hinab und macht eine große Linksschleife. Von Weitem kann man die Skipiste der Panoramalifte sehen.

14. Grenzgängertour bei Oberreute
zum Berpanorama Höhenweg (1.010 m)

da

Sportliche und bekannte Tour zwischen Deutschland und Österreich. Der Einstieg ist aufgrund der Steigung ein wenig anstrengend, aber dafür wird viel geboten. Der Weg führt durch saftige Kuhweiden im Allgäuer Hügelland (mit Bergblick), durch ein Wald- und Hochmoorgebiet mit Spielgelegenheit (Brunnen, Kletternetz) zum Höhepunkt, einem gemütlichen Höhenzug, der ein tolles Panorama auf die Vorarlberger und Schweizer Berge bietet. Die Einkehr Hochsträß Stüble bietet ein tolles Panorama und einen schön angelegten Spielplatz. Es lohnt sich aber auch, die 10 Minuten weiter bis Sulzberg zu laufen. Das Vorarlberger Dorf hat auch bei Hochnebel in der Regel Sonnengarantie und einige Lokale und ein paar Läden zu bieten.

Wetter: Anforderung: Dauer: 2 h

Anforderung:	Schwer; steiler Anstieg zu Beginn, dann flacher; kurze Asphaltstrecke und Schotterwege; kurzes Waldstück mit Wurzeln.
Dauer:	2 h ; 4,25 km (eine Strecke); 170 Hm.
Wetter:	Klass. Wanderwetter.

Wanderwert für Kinder:

2–3 Jahre:	Kühe auf den Weiden; Freibad am Ausgangspunkt; Klettermöglichkeit „Spinnennetz"; Holzhäuschen und Brunnen zum Spielen am „Kalten Brunnen"; Erlebnis Grenzüberschreitung.
4–6 Jahre:	Siehe unter 2–3 Jahre.
Kinderfahrrad:	Nicht geeignet.

Anfahrt: Von Lindenberg kommend auf der Bundesstraße 308 in Richtung Oberstaufen – am Kreisel die zweite Ausfahrt Richtung Oberstaufen nehmen – rechts abbiegen nach Oberreute – rechts abbiegen, um der Hauptstraße zu folgen – links abbiegen in die Hirschbergstraße – erste rechts auf Sonnenhalde und weiter auf den Freibadweg. (Navi: D-88179 Oberreute; Freibadweg 5)

Ausgangspunkt: Freibad Oberreute mit kostenloser Parkmöglichkeit.

Infos/Gaststätten: *Freibad Oberreute, beheizte Becken, Riesenrutsche, Beachvolleyballplatz, Slackline, Tel. +49-8387-3119, www.oberreute.de (unter Einrichtungen), bei schönem Wetter täglich von 9-19 h geöffnet. *Café Hochsträßstüble, Panorama-Terrasse, schön angelegter kleiner Kinderspielplatz, Tel. +43-5516-2863, Ruhetag: Mo. *Sennerei Hopfen am Ortseingang nach Hopfen, Verkauf von Allgäuer Käsespezialitäten, Führungen Freitag 17 Uhr, Tel. +49-8386-2833, www.baldauf-kaese.de.

Wegbeschreibung:

Zu Beginn muss man die steile Teerstraße in Richtung Sulzberg erklimmen. Sie geht in einen flacheren Schotterweg über, schlängelt sich durch die Wiesen und führt in den Wald. Von dort geht es weiter Richtung Hinterschweinhöf und nach wenigen Metern geht links ein unscheinbarer kleiner Wald-

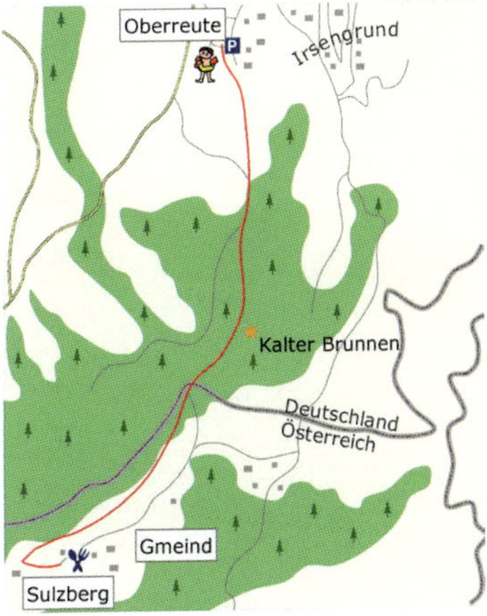

weg ab (nicht beschildert). Dieser ist breit genug für den Kinderwagen und leicht befahrbar. Bald schon kommt die Feuchtwiese „Bruckmoos". Dort links halten. Der Weg führt über auf den normalen Wanderweg. Eine rote Bank am Wegesrand lädt hier schon zu einer frühen Pause ein. Es geht auf einem gut befestigten Weg durch das Moos hindurch und bald darauf wieder in den Wald. Einige Wurzeln, die leicht umfahrbar sind, verlangsamen den Schritt. Das „Spinnennetz" bietet eine willkommene Kletterpause für die kleinen Wanderer. Auch Brotzeitbänke gibt es hier und den so genannten „Kalten Brunnen". Von hier lohnt es sich, noch die 10 Minuten Richtung Hochsträß oder 15 Minuten nach Sulzberg weiter zu laufen. Auf dem Panoramaweg bietet sich ein traumhafter Blick in die Berge. Eine Einkehrmöglichkeit bietet sich in Gmeind im Hochsträß Stüble oder für die Lauffreudigen in Sulzberg. Auf gleichem Weg geht es wieder zurück.

III. Raum Isny, Gestratz, Maierhöfen

15. RW Skulpturenweg

bei Maierhöfen (811 m)

je

Der Skulpturenweg ist eine willkommene Abwechslung zu normalen und alltäglichen Wanderwegen. Er bietet tolle Blicke über die Region und lockt vor allem durch seine Skulpturen und Schrifttafeln. Diese laden zum Nachdenken und Verweilen ein. Der Weg führt an einer idyllischen Bachkulisse entlang, in der sich die kleinen Füße abkühlen können. Gleich neben der Kirche am AP gibt es eine kleine Kneippanlage, die ebenfalls für Erfrischung sorgt. Um zum Wald zu gelangen, geht es eine knackige Steigung hoch. Aber auf alle Fälle lohnt sich der Blick, wenn man aus dem Wald kommt allemal. Wenn man die Steigung umgehen will, empfiehlt es sich den Weg in die andere Richtung zu laufen. Dann geht es zwar auch stetig bergauf, aber auf einer Asphaltstraße. Die verschiedenen Sitzgelegenheiten auf dem Weg laden zum Picknicken ein, jedoch ist auch der familienfreundliche Landgasthof Sontheim einen Besuch wert.

Wetter:  Anforderung:  Dauer: 1 1/4 h

Anforderung:	Mittel bis schwer; eine knackige Steigung mit teilweise holprigem Schotterweg, ansonsten fester Schotter-/Waldschotterweg und Asphaltstraße.
Dauer:	RW ca. 1 1/4 h; 4,6 km; 100 Hm.
Wetter:	Klass. Wanderwetter, zumeist offenes Gelände mit wenig Schatten.

Wanderwert für Kinder:

2–3 Jahre:	Nur mit Kinderwagen; interessante Skulpturen, einige von Kindern für Kinder geschaffen (z.B. Spinnennetz, bunte, von Schulkindern bemalte Pflastersteine); Bach lädt zum Plantschen ein und der Wald zum Entdecken; sehr familienfreundliche Einkehrmöglichkeit (Sontheim).
4–6 Jahre:	Siehe unter 2–3 Jahre. Nur für lauffreudige Kinder.
Kinderfahrrad:	Bedingt geeignet; bis zur knackigen Waldsteigung gut geeignet, dort müsste für ca. 15 min das Rad hinauf getragen werden, anschließend geht es wieder gut und leicht abfallend eine Asphaltstraße (teilw. Autoverkehr) entlang.

Anfahrt: Von der Autobahn 96 Richtung Lindau kommend die Ausfahrt Weißensberg nehmen und dann links auf die Bundesstraße 12 Richtung Wangen/Kempten/Isny fahren - auf der Bundesstraße 12 bis Isny bleiben – dort rechts Richtung Maierhöfen abbiegen – in Maierhöfen rechts zur Kirche fahren und davor parken.
(Navi: D-88167 Maierhöfen, Hauptstraße 10).

Ausgangspunkt: Kostenfreier Parkplatz vor der Kirche.

Infos/Gaststätten: *Naturlandhaus Krone gleich bei der Kirche, kleine Terrasse, Trampolin und Schaukel, familienfreundlich, Tel. +49-8383-254, www.naturlandhaus-krone.de, Ruhetag: Mi. *Ghf. Sontheim, Wildgehege, schöner Spielplatz, alles einsehbar vom gemütlichen Biergarten, sehr familienfreundlich, Wickeltisch, gute Küche, Tel. +49-8383-202, www.gasthof-pension-sontheim.de, Ruhetag: Mo.

Wegbeschreibung:
Vom Ausgangspunkt links aus dem Ort hinaus. Dort findet sich auch gleich die erste Skulptur (rote Wäscheleine). Anschließend rechts abbiegen und einfach der Beschilderung Skulpturenweg, dem Zeichen (grünes Viereck mit Brücke und der Schrift Skulpturenweg), den Skulpturen oder den bunten Kopfsteinpflastersteinen folgen. Im Wald wird es etwas schwierig. Hier kommt auch die Steigung. Den Hügel hinauf, die zwei Weidetore (leicht zu öffnen) passieren und im Wald auf dem Weg bleiben, der den Hügel hinaufführt (dort stehen drei Skulpturen, nicht weit auseinander). Der Pfad führt dich aus dem Wald hinaus und am Ende des Höhenweges biegst du rechts ab und folgst der Straße und den Schildern zurück nach Maierhöfen.

Tipp: Ziemlich am Anfang der Strecke befinden sich Steinskulpturen mit einem Kasten, der Flyer mit einer Karte zum Skulpturenweg enthält. Zudem wird der Weg heuer um sechs neue Skulpturen erweitert.

16. Zur Hergottswiesen mit Bergpanoramablick bei Gestratz (810 m)

da

Die Tour kann beliebig gekürzt werden und immer wieder säumen Rastbänke den Weg. Der Picknickplatz ist auch mit dem Auto zu erreichen. Es gibt noch eine reizvolle Verlängerung als Rundweg für Tragetuchwanderer. Diese ist allerdings mit Kinderwagen nicht möglich.

Diese an sich unspektakuläre, sehr kurze Wanderung besticht durch die liebliche Allgäuer Hügellandschaft und einen schönen Blick in die Berge. Am Anfang/Ende befindet sich ein großer Spielplatz für Kinder.

Wetter: Anforderung: Dauer: 30 min

Anforderung:	Mittel; stetige Steigung; durchgehend kaum befahrener Asphaltweg. Verlängerung: Mittel; Gefälle; Kies- und Waldweg mit Stufen; Drehkreuze; Asphaltstraße.
Dauer:	½ h; 1,7 km (eine Strecke);130 Hm.
Wetter:	Nicht zu heißes Wanderwetter; perfekt bei guter Fernsicht.

Wanderwert für Kinder:

2–3 Jahre:	Kühe auf den Weiden; Pferde auf der Koppel; großer Spielplatz am Anfang/Ende der Tour.
4–6 Jahre:	Siehe unter 2–3 Jahre.
Kinderfahrrad:	Nicht geeignet, da zu steil.

Anfahrt: Von Lindenberg kommend, in Richtung Isny am Kreisel erste Ausfahrt nehmen (B32), links halten in Richtung Isny – an Gestratz vorbei bis Brugg – links am Landgasthaus zur Post in Richtung Schweineburg abbiegen – bald kommt links ein großer Spielplatz und die Straße geht aus Brugg heraus – fahre rechts in Richtung Hubers und nach wenigen Metern findest du rechts den kleinen kostenlosen Wanderparkplatz Brugg. (Navi: D-88167 Gestratz (Brugg), Säntisweg)

Ausgangspunkt: Brugg, kostenloser öffentlicher Parkplatz am Ortsausgang.

Infos/Gaststätten: *Badwirtschaft Malleichen, gemütliche Bauernstube und schattiger Biergarten mit großem Spielplatz für Kinder, Esel und Katzen, www.malleichen.de. *Museum Heimathaus Gestratz, alte ehemalige Schmiede, Öffnungszeiten nach Vereinbarung mit der Gemeinde Gestratz, Tel. +49-8383-223.

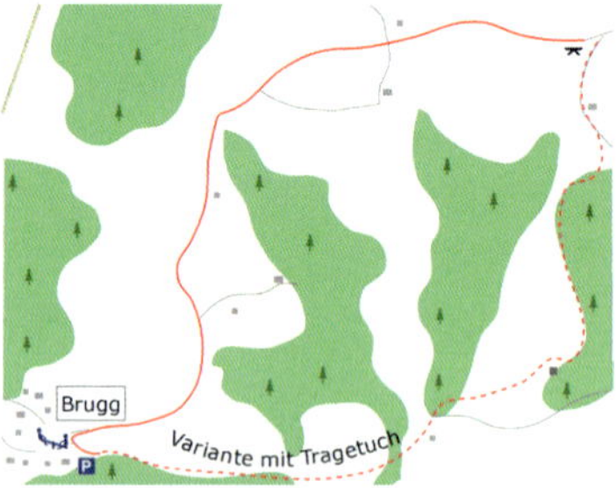

Wegbeschreibung:
Vom Ausgangspunkt geht es zuerst für ca. 100 Meter zurück nach Brugg. Bei der Kreuzung rechts in die Sraße nach Schweineburg einbiegen. Die Straße geht aufwärts und schnell erschließt sich hinter deinem Rücken das Bergpanorama. Immer wieder laden Bänke zum Rasten mit schöner Aussicht ein. Nach ca. 30 Minuten ist kurz vor Schweineburg das Ziel erreicht: ein gemütlicher Rastplatz mit Panoramakarte und schönem Bergblick.
Erweiterung für Tragetuchwanderer: Direkt am Picknickplatz führt rechts ein Weg zu einem Bauernhof hinüber. Am Bauernhof vorbei und rechts durch das Drehkreuz hindurch, den Waldweg hinab nach Hubers über durch den Obstgarten hindurch auf der Straße zurück nach Brugg.

17. Biergarten Ochs am Berg

Ausflugsziel bei Argenbühl (680 m)

da

Der Ochs am Berg ist ein schön angelegter, gemütlicher und sehr kinderfreundlicher Biergarten. Für Kinder ist hier ein Streichelgehege mit Ziegen und Schafen, ein großer Spielplatz mit Sandkasten, Rutsche, Schaukel und eine Spielhütte zu finden sowie ein flacher Bachlauf, der zum Plantschen einlädt. Bei schönem Wetter mit Freunden und Kindern zum Ochs am Berg gehen, damit sind ein paar Stunden gute Unterhaltung für Groß und Klein sicher. Eine kleine Kinderwagenrunde geht durch den Wald und entlang eines Teils des Aphorismen- und Zitate-Wegs „Saint-Exupéry". Die schönen Zitate lenken die Gedanken auf das Wesentliche im Leben. Wer ein Kind mit Fahrrad oder Rollrad dabei hat, der kann die kaum befahrene, asphaltierte Straße nach Isnyberg laufen.

Wetter: ☀ ☂ ◑ | Anforderung: ● | Dauer: 1/2 h

Anforderung:	Leicht; eben; anfangs fester Kiesweg, kurzes Stück Waldweg, am Ende Asphaltstraße.
Dauer:	RW 30 min; 1,5 km.
Wetter:	Klass. Wanderwetter.

Wanderwert für Kinder:

2–3 Jahre:	großer Spielplatz mit Rutsche und Schaukel; Schafe und Ziegen zum Streicheln; flacher Bachlauf zum Spielen; Wald zum Entdecken.
4–6 Jahre:	Siehe unter 2–3 Jahre.
Kinderfahrrad:	Kinderwagenroute nicht geeignet. Geeignet ist die Straße Richtung Isnyberg (direkt vom AP links unter der Unterführung der Bundesstraße durch).

Anfahrt: Aus Wangen kommend Richtung Isny – auf der Bundesstraße 12 an Eglofs vorbei – danach links der Beschilderung „Ochs am Berg" zum Parkplatz folgen. (**Navi:** D-88260 Argenbühl, Untervorholz 4)

Ausgangspunkt: Parkplatz am Biergarten Ochs am Berg.

Infos/Gaststätten: *Ochs am Berg, gemütlicher, kinderfreundlicher Biergarten, mit sehr guten Grillspezialitäten und Brotzeit, Tel. +49-7566-91180, Ruhetag Di.

Wegbeschreibung:
Direkt am Parkplatz beginnt der Saint-Exupéry-Weg mit dem ersten Zitat. Achtung, die Kinderwagentour folgt nur ein kurzes Stück bis zur Asphaltstraße diesem Weg, dort geht es rechts zum AP zurück! Die Strecke führt zwischen Streichelgehege und Spielplatz hindurch und geht rechts in den Wald hinein. Gut ausgeschildert kommst du an eine Brücke und kurze Zeit später an die Asphaltstraße, die rechts zurück zum AP führt.

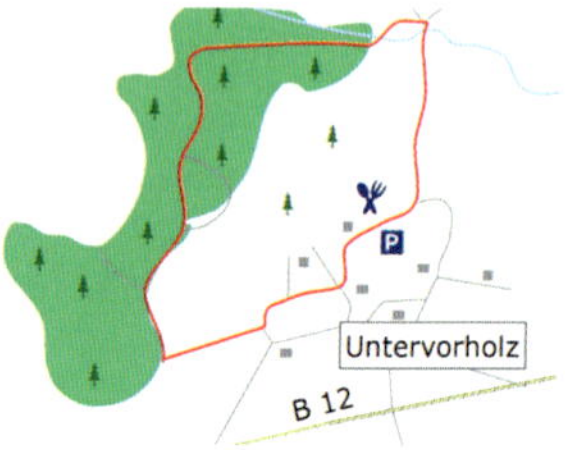

IV. Raum Lindenberg

18. Ausflugsziel Leiblach

und RW zum Bodenseekreuz, bei Heimenkirch (710 m)

da

Diese Tour besteht eigentlich aus zwei – auch getrennt voneinander zu besuchenden Etappen: Ein schönes Ausflugsziel ist der schattige Bach Leiblach, in dem große Steine zum Spielen und Hüpfen einladen. Im flachen Wasser kann nach Herzenslust geplantscht werden. Wer jetzt noch mehr Lust auf Baden bekommen hat, kann in das familienfreundliche Leiblachbad einkehren, wo für Kinder jede Menge geboten wird. Diese Tour lohnt sich auch im Hochsommer.

Die Verlängerung bzw. der Rundweg zum Bodenseekreuz ist für Eltern, die sich die Beine vertreten wollen. Es geht entlang einer wenig befahrenen Asphaltstraße, vorbei an Wiesen und Weiden und über den Aussichtspunkt Bodenseekreuz zurück nach Heimenkirch. Dieser Teil bietet für Kleinkinder außer Tieren auf der Weide wenig Reiz. Am Bodenseekreuz gibt es eine Aussichtsbank mit schönem Panorama auf die Nagelfluhkette und den Bodensee.

Wetter: Anforderung: Dauer: 10 min / 1 1/2 h

Anforderung:	AZ Leiblach: Leicht; flach; Kiesweg. RW Verlängerung: Mittel; leichte Steigung; Kiesweg, Asphaltstraße, kurzes Wiesenstück (beim Bodenseekreuz).
Dauer:	AZ 10 min; 0,5 km (eine Strecke); RW 1,5 h; 4,5 km; 100 Hm.
Wetter:	Klass. Wanderwetter, schattig entlang der Leiblach, daher für den Hochsommer geeignet.

Wanderwert für Kinder:

2–3 Jahre:	In diesem Alter empfehlen wir nur den kurzen Abschnitt bis zur Infotafel über die Mühlengeschichte; kleiner Spielplatz in Heimenkirch (Nähe AP; Römerstraße 16); Plantschen in der Leiblach; Freibad Leiblachbad; Kühe auf den Weiden.
4–6 Jahre:	Siehe unter 2-3 Jahre.
Kinderfahrrad:	Geeignet entlang der Leiblach; für Bodenseekreuz nicht geeignet.

Anfahrt: Auf der Bundesstraße 32 aus Wangen kommend – nach der Ortseinfahrt Heimenkirch die erste Straße links. (Navi: D-88178 Heimenkirch, Freibadstraße 8)

Ausgangspunkt: Kostenloser öffentlicher Parkplatz am Freibad.

Infos/Gaststätten: *Leiblachbad, familienfreundliches Freibad mit Breitrutsche (3 Bahnen), Wasserspritzer, Baby-Plantschbecken, Regenbogenrutsche für die Kleinen und ein Schiffchen-Kanal. *Gasthaus „Zum Marktwirt“, Tel. +49-8381-948324, Ruhetag: Mi. *Gasthaus „Hirsch“, zünftiger Gasthof, sehr bekannt für seine Riesenschnitzel, Tel. +49-8381-7601, Ruhetag: Di.

Wegbeschreibung:

Nach der Brücke zum Leiblachbad vom P weg geht gleich links ein Kiesweg die Leiblach entlang. Es gibt mehrere Zugänge zum Wasser, die besonders Kinder zum Plantschen einladen. Gegenüber der Infotafel Mühlengeschichte geht links ganz versteckt ein kleiner Weg zum Bach hinunter. Hier sind viele große Steine im Schatten zum Hüpfen im Bach (hier

wäre ein Mühlengebäude, jedoch nicht spektakulär). Bis hier sind es ca. 10 min.
RW Verlängerung zum Bodenseekreuz: Ab nun geht's über wenig befahrene Asphaltstraßen über offenes Gelände in einem RW zum Aussichtspunkt Bodenseekreuz. Zuerst immer Richtung Oberhäuser (beschildert). In Oberhäuser bei der Kapelle links halten und ab nun den Wegweisern Westallgäuer Wasserwege oder WW 24 folgen. Bald nach rechts auf einen Privatweg abbiegen. Die Route geht geradaus etwas versteckt zwischen den Gärten hindurch. Hier beginnt der Wiesenweg zum Bodenseekreuz hinüber, dem Ziel der Wanderung. Hinunter wieder am WW 24, immer Richtung Kirche, die man von Weitem sieht. Bei den ersten Häusern des Ortsteils „Berg" auf dem Kiesweg rechts und dann links auf die Straße. Nach der scharfen Linkskurve geht es rechts steil den Berg hinab auf die Kirche zu in den Ort zurück. Nach der kleinen Fußgängerbrücke rechts in Richtung Mapprechts, weiter geradeaus der Gartenstraße folgen, diese geht über in die Jahnstraße und rechts davon verläuft ein Weg entlang der Leiblach zurück zum Ausgangspunkt.

19. Waldwanderung

vom Aussichtsturm zum Waldsee, bei Lindenberg (810 m)

da

Gleich in der unmittelbaren Nähe des Parkplatzes (im Bayernpark) kann der Aussichtsturm Nadenberg erklommen werden, von dort ist der Fünf-Länder- und Bodensee Blick ein Genuss. Der Spazierweg schlängelt sich im Wald entlang und bietet an sonnigen Tagen reichlich Schatten oder an Regentagen Schutz. Ein Kneippbecken lädt kurz vor dem Erreichen des Waldsees zur Abkühlung ein oder man springt gleich am Ende der Tour in den Waldsee, den höchstgelegenen Moorbadsee Deutschlands. Das kostenlose Freibad hat auch einen großen Spielplatz für die Kinder und eine schöne Liegewiese.

Wetter: Anforderung: Dauer: 45 min

Anforderung:	Leicht; geringe Steigung; Kies- und Waldweg, der vereinzelt stark durchwurzelt ist.
Dauer:	¾ h; 3 km (eine Strecke); 80 Hm.
Wetter:	Hochsommer oder Regenwetter.

Wanderwert für Kinder:

2–3 Jahre:	Aussichtsturm mit Blick in die Berge von fünf Ländern und bis zum Bodensee (mit Beschriftungstafel); Wald lädt zum Entdecken ein; kleiner Spielplatz zu Beginn der Route; großer Spielplatz im kostenlosen Freibad am Waldsee; See zum Plantschen.
4–6 Jahre:	Siehe unter 2–3 Jahre.
Kinderfahrrad:	Bedingt geeignet (wurzelige Stellen am Weg, vereinzelt Queren von verkehrsreicher Straße notwendig, kleinere Steigungen/Gefälle).

Anfahrt: Von der Bundesstraße 32 aus Wangen kommend Richtung Oberstaufen – in Heimenkirch nach dem Bahnhalt direkt am Fußgängerübergang rechts durch die Unterführung den Berg hinauf nach Lindenberg – am Ortseingang Lindenberg links dem Schild Bayernpark zum Parkplatz folgen.
(Navi: D-88161 Lindenberg, Nadenberg 34)

Ausgangspunkt: Lindenberg, kostenloser öffentlicher Parkplatz am Bayernpark.

Infos/Gaststätten: *Aussichtsturm Nadenberg, Fünfländerblick, befindet sich im Feriendorf Bayernpark, gehört der Stadt Lindenberg und ist in der Regel immer geöffnet, falls nicht, kann man in der Zentrale vom Bayernpark fragen, ob aufgesperrt wird. ***Restaurant** Bacalau, gehobenes Restaurant mit sehr guter Küche (gute Fischkarte!), sehr kinderfreundlich (Kinderstühle u. Malsachen sowie eigene Kindergerichte), die Terrasse ist ein schöner Platz zum Kaffeetrinken an der Sonne mit wunderbarem Blick über den Waldsee, Tel. +49-8381-9261, Mo bis So ab 12:00 h geöffnet (Achtung, in der Nebensaison Mo geschlossen), www.hotel-waldsee.de. *Kiosk am Freibad mit Snacks, zur Badesaison geöffnet. *Kostenloses Freibad am Waldsee, großer Spielplatz.

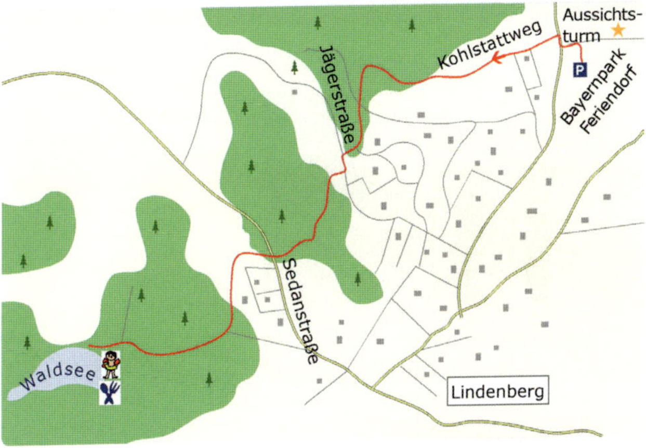

Wegbeschreibung:
Grundsätzlich kann man sich bei dieser Wanderung durchgehend an den Schildern zum Waldsee orientieren.
Vom Parkplatz zurück zur Anfahrtsstraße gehen, dort rechts halten und nach ca. 50 m links in die Kohlstattstraße einbiegen. Nun kann man getrost der Beschilderung (weiß-gelbe Pfeile) in Richtung Waldsee folgen. In der Frühlingstraße beim Krankenhaus muss die Jägerstraße überquert werden. Leicht links haltend findet man den weiterführenden Kiesweg durch den Wald. Später

am Schützenhaus ist noch einmal eine Straße, die Sedanstraße, zu queren. Nun geht es am Spielermoos links den Weg entlang bis zum Kneippbecken. Von hier sind es nur noch wenige Minuten zum Waldsee.

20. RW Waldsee

bei Lindenberg (775 m)

je

Der Waldsee ist das ganze Jahr über ein empfehlenswertes Ausflugsziel. Er bietet eine schöne Naturlandschaft mit Torflehrpfad und ein kostenfreies Freibad (geöffnet Mitte Mai bis Mitte September) mit fantastischem Spielplatz, Sonnensegeln, die Schatten spenden, und gepflegten sanitären Anlagen.

Es gibt auch einen abgetrennten Plantschbereich für die Kleinen und einen Kiosk für eine leckere Brotzeit. Wer einen Abstecher in den Wald machen will, findet dort einen Trimmdichpfad und eine Nordic Walking-Strecke. Aber beachten, dass nicht alle Wege dort wagerltauglich sind. Außerdem gibt es eine Eislaufbahn, die im Winter genutzt werden kann. Der Weg um den See ist im Winter geräumt und gestreut, somit auch mit dem Kinderwagen befahrbar. Wirklich ein tolles Ausflugsziel! Für Bewegungsfreudige haben wir eine Verlängerung zusammengestellt.

Wetter: Anforderung: Dauer: 25 min / 1 h

Anforderung: Leicht; eben; vorw. fester Wald-Kiesweg. Verlängerung: Mittel; eben; Forstweg, teilweise holprig.

Dauer: RW ca. 25 min; 2 km.
Verlängerung: RW ca. 35 min; 2,5 km.

Wetter: Bei fast jedem Wetter geeignet, außer nach längeren Regenperioden (matschig).

Wanderwert für Kinder:

2–3 Jahre:	Kleiner Torflehrpfad; Wald zum Entdecken; Freibad mit tollem Spielplatz;
4–6 Jahre:	Siehe unter 2–3 Jahre; Eislaufbahn im Winter; Infotafeln zum Waldsee.
Kinderfahrrad:	Geeignet (Verlängerung aber nicht).

Anfahrt: Von Lindau kommend der Bundesstraße 308 Richtung Lindenberg folgen – nach Lindenberg hineinfahren und nach der Buchhandlung „Buch und Handlung" (linke Seite) links Richtung Waldsee abbiegen (Austraße) – auf der Straße bleiben und links auf dem Parkplatz vor dem kleinen Elektrizitätswerk parken.
(Navi: D-88161 Lindenberg, Austraße 26)

Ausgangspunkt: Kostenfreier Parkplatz vor dem Elektrizitätswerk.

Infos/Gaststätten: *Restaurant „Bacalau" und *Kiosk am Freibad siehe Tour Nadenberg.

Wegbeschreibung:

Vom Ausgangspunkt geht es zurück zur Asphaltstraße und dann links bis zum Kreisverkehr. Dort einfach rechts zum Waldsee laufen. Wir empfehlen, den See im Uhrzeigersinn zu umrunden, da sich damit das Freibad gegen Ende der Wanderung befindet.

Verlängerung: Direkt am Freibad geht links der Seerosenweg (Schilder sind mit Seerose markiert) in Richtung Opfenbach. Gleich links auf den Feldweg abbiegen, im Wald rechts auf den Forstweg (hier kommt das holprige Stück). An der Brücke rechts halten und den Schildern nach Ratzenberg folgen. In Ratzenberg sind Schilder in Richtung Waldsee zu finden, die einen zurückführen.

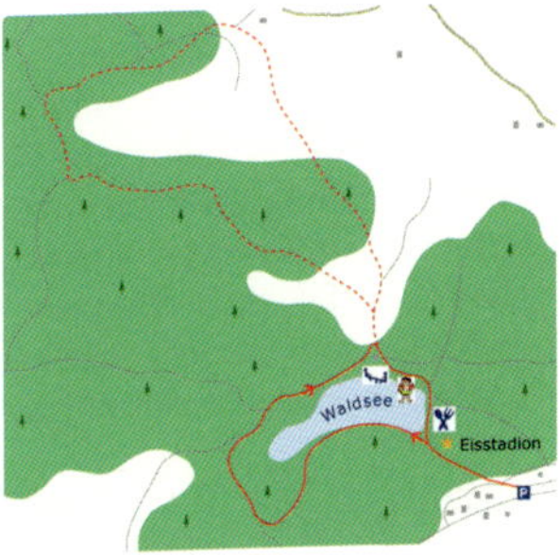

21. Stadtnahe Bergpanoramarunde

Rieder Höhe, bei Lindenberg (760 m)

da

Entlang dem Höhenweg ist das Bergpanorama bis in die Schweiz zu genießen. Der Weg geht erst durch den Ort und dann über wunderschöne, gut befahrbare, gemähte Feld- und Wiesenwege. Durch den Wald führt ein kurzes, starkes Gefälle (Bandschlinge nicht vergessen). Dann führt der Weg an einem Pferdehof vorbei, wo sich für pferdeliebende Kinder der Blick in die Reithalle lohnt oder vielleicht stehen bei schönem Wetter die Vierbeiner zum Beobachten auf der Koppel. Für Feinschmecker kann die Tour um 30 Minuten verlängert werden und führt auf einem sportlichen, steilen Abstecher zur Dorfsennerei Böserscheidegg. Ein absoluter Geheimtipp für Käsefans. Abgerundet werden kann die Tour mit einem Eis in der Eisdiele oder in einem der zahlreichen Cafés in Lindenberg.

Wetter: Anforderung: Dauer: 1,5 h

Anforderung: Mittel; ein kurzes, steiles Gefälle; Asphaltstraße und sehr gut begehbare Feld-, Wiesen-, Kieswege.

Dauer: RW 1,5 h; 4,5 km; 70 Hm. Verlängerung zur Dorfsennerei: ca. 15 min (eine Strecke).

Wetter: Klass. Wanderwetter.

Wanderwert für Kinder:

2–3 Jahre:	Kühe auf den Weiden; Pferde auf den Koppeln.
4–6 Jahre:	Siehe unter 2–3 Jahre.
Kinderfahrrad:	Nicht geeignet.

Anfahrt: Von der Bundesstraße 32 aus Wangen kommend, nach Opfenbach rechts auf der Staatsstraße den Berg hinauf nach Lindenberg – durch Lindenberg hindurch bis zum Kreisverkehr, erste Ausfahrt in die Marktstraße abbiegen – an der Kirche vorbei der Sandstraße folgen zum Parkplatz am Bauhof.
(Navi: D-88161 Lindenberg, Ahornweg 1)

Ausgangspunkt: Lindenberg; öffentlicher Parkplatz am Bauhof (Ecke Ahornweg/Sandstraße).

Infos/Gaststätten: *Einkehr Fehrhof, Brotzeit und Getränke auf dem ersten Teil der Strecke. *Dorfsennerei Böserscheidegg mit Käseladen, Tel. +49-8381-83456 www.kaeserei-boeserscheidegg.de, täglich geöff. 7-12; 16:30-19 h auch an Sonn- und Feiertagen. *In Lindenberg gibt es zahlreiche Einkehrmöglichkeiten.

Wegbeschreibung:

Vom Parkpatz in Richtung Kirche gewandt beginnt links der Ahornweg. Er geht leicht bergauf und am Ende der Straße führt er links in die Hirschbergstraße über. Dort biegst du noch vor dem Kreuzerl/Marterl rechts in den Feldweg ab in Richtung Rieder Höhe. Der Weg endet beim Fehrhof, vor dem Hof biegt rechts ein Kiesweg ab. Die Rieder Höhe ist weiter ausgeschildert. Auf dem Weg gibt es einige Bänke, auf denen sich eine Rast lohnt, um das Bergpanorama zu genießen. Am Ende des Panoramawegs steht eine markante Eiche* (bitte für den Abstecher

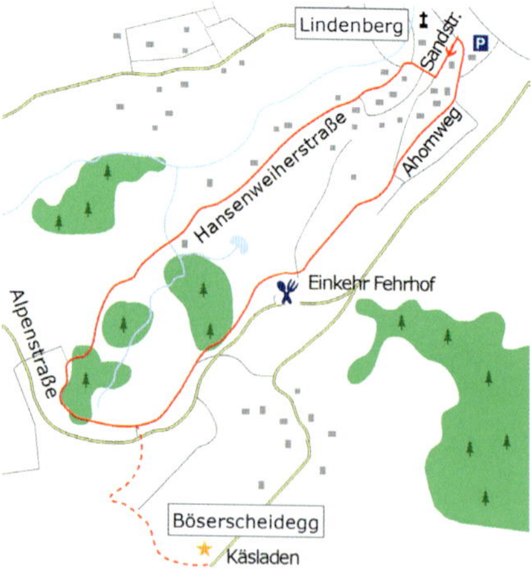

merken), vor der ein Wiesenweg in Richtung Wald führt. Nach einem leichten Gefälle führt der Weg vorbei an der Imkerei. Im Wald geht es nach einem kurzen Anstieg ein kurzes, starkes, leicht holpriges Gefälle hinab (Fangriemen!). Auf dem Forstweg geht es rechts, vorbei am Pferdehof. Hier ist die Straße asphaltiert (Hanseweiherstraße). Rechts biegst du in die Hirschbergstraße ein und die nächste Möglichkeit links in die Sandstraße, bis der Parkplatz erreicht ist.

Abstecher Dorfsennerei Böserscheidegg: Am Ende des Panoramaweges Rieder Höhe (markante Eiche) links abbiegen und die Bergpanoramastraße überqueren. Der Weg führt steil hinab in den Ort Böserscheidegg. An der Hauptstraße Haus 12 befindet sich die Käserei mit Ladenverkauf. Danach wieder zurück zur markanten Eiche und der weiteren Wegbeschreibung folgen.

22. Erlebnis-Spaziergang

Scheidegger Wasserfälle und Reptilienzoo (800 m)

da

Durch die lieblichen Allgäuer Schindelhäuser von Scheidegg entlang der sanften Hügel bis zu den Wasserfällen, „Bayerns schönstem Geotop", und dem Reptilienzoo führt diese Route. Hier erwartet die Großen und die Kleinen Abenteuer pur. Auf verschiedenen Wegen kann man die Wasserfälle erkunden (Achtung: Nicht alle sind kinderwagengeeignet) oder Ziegen und Hasen hautnah erleben. Ein großer Spielplatz mit Wasserspielen und ein kleiner Kiosk mit Sitzgelegenheiten lädt zum Verweilen ein. Wer dann noch nicht genug hat, kann dem wenige Minuten entfernt gelegenen Reptilienzoo noch einen Besuch abstatten.

Wetter: Anforderung: Dauer: 30 min

Anforderung:	Mittel; anhaltendes Gefälle, hauptsächlich Asphaltstrecke oder sehr guter Kiesweg.
Dauer:	1/2 h; 3 km (einfache Strecke); 100 Hm.
Wetter:	Kurz nach der Schneeschmelze, Sonnenwetter, Regenwetter (gute Bekleidung und Schuhwerk).

Wanderwert für Kinder:

2–3 Jahre:	Kühe auf den Weiden; Wasserspielplatz bei den Scheidegger Wasserfällen; Wasserfälle; Streichelgehege mit Ziegen, Hasen – Futter kann gekauft werden; großer Kinderspielplatz; Reptilienzoo; Wasserlauf am Weg (hinter Bieslings).
4–6 Jahre:	Heimathaus (Museum); siehe unter 2-3 Jahre.
Kinderfahrrad:	Bedingt geeignet (Gefälle).

Anfahrt: Auf der Autobahn 96 in Richtung Lindau – Ausfahrt Isny, Wangen oder Sigmarszell/Scheidegg – dann den Schildern Richtung Scheidegg bzw. Lindenberg folgen – Scheidegg an der Sparkasse in die Bräuhausstraße abbiegen – gleich wieder links zum Parkplatz am Heimathaus. (Navi: D-88175 Scheidegg, Bräuhausstraße)

Ausgangspunkt: Öffentlicher Parkplatz in Scheidegg an der Bräuhausstraße, gegenüber dem Heimathaus.

Infos/Gaststätten: *Scheidegger Wasserfälle, offiziell offen von April-Oktober kann aber auch im Winter begangen werden, Eintritt Erwachsene: 1,50 Euro,
Kinder (5-13): 1 Euro, Familien: 3 Euro. *Reptilienzoo Scheidegg (Schlangen, Spinnen, Skorpione, Schildkröten usw.), Erw.: 4,50 Euro, Kinder (4-12): 3 Euro,
Tel.+49-8381-8917538, www.reptilienzoo-scheidegg.com, Feb. bis Nov.
täglich 10-18 h, Ruhetag:Fr. *Biolandhof Fam. Berger in Bieslings, Hofverkauf Angus Rindfleisch, vakuumverpackt, Tel. +49-8381-84110. *Handwerkermuseum Heimathaus, Tante Emma Laden und alte Berufe, alte Schulstube, über 5 Etagen gibt es viel zu sehen, Öffnungszeit nur mit Führung: Mittwoch um 10 h, 1. und 3. Sonntag um 10 h, Dauer ca. 1,5 h, Eintritt: Erwachsene 3 Euro, Kinder (7-16) 1,50 Euro. *Café Margit & Fehl mit Sonnenterrasse gegenüber der Stadtsparkasse, gemütliches, freundliches, kleines Café, es gibt auch Brotzeit, sehr kinderfreundlich,
Tel. +49-8381-8916199, www.margitundfehl.de, Ruhetag: Mo, Di. *Restaurant Rohrachblick, Tel: +49-8381-6602; www.restaurant-rohrachblick.com, Nov. bis Mai, Ruhetag: Fr.

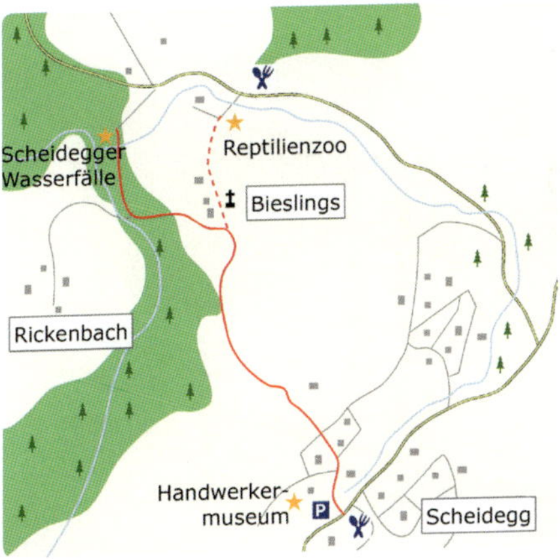

Wegbeschreibung:
Grundsätzlich kann man sich bei dieser Wanderung durchgehend an den Schildern zu den Scheidegger Wasserfällen orientieren.
Vom Ausgangspunkt ein kleines Stück zurückgehen und links in die Bräuhausstraße abbiegen. Immer der Beschilderung in Richtung Scheidegger Wasserfälle folgen. Der Weg führt aus dem Ort hinaus und geht den Hügel hinunter in Richtung Bieslings. Dort geht es links auf einen Schotterweg an den Angus Rindern des Biolandhofes Berger vorbei durch einen Wald mit Bachlauf hinab. Auf der Asphaltstraße rechts abbiegen, am Parkplatz vorbei links auf das Gelände zum Wasserfall zugehen. Zum Reptilienzoo gehst du die Straße ein Stück weiter (ist gut ausgeschildert).

23. RW Alpenpanorama Höhenweg

bei Scheidegg (850 m)

da

Rund um den Kurort Scheidegg (oft zum sonnenreichsten Ort Deutschlands gekürt) wurden für die Gäste etliche nette Spazierwege angelegt, unter anderem der bekannte und kurze Höhenweg mit Blick in die Berge. Die Runde beginnt in der Ortsmitte. Bei leichter Steigung bietet dieser wunderbare Höhenweg einen schönen Blick in die Berge.
Der Kreuzberg (auf halber Strecke) ist ein einladender Platz, um im Schatten der großen Baumgruppe auf den Bänken die Zeit zu vergessen. Es lohnt sich, die Runde mit einem Besuch in dem typisch allgäuerischen Schindelhaus „Café Margit und Fehl" oder mit dem Einkauf am Donnerstag-Markt in Scheidegg zu verbinden. Die Runde kann erweitert werden (Tour Ponyhof Scheidegg) über den Abzweig zum nahegelegenen Alpenfreibad.

Wetter:  ○ Anforderung: ● Dauer: 45 min

Anforderung: Mittel; hauptsächlich Asphaltstrecke; leichte Steigung und Gefälle.

Dauer: RW ¾ h; 3 km; 70 Hm.

Wetter: Klass. Wanderwetter.

Wanderwert für Kinder:

2–3 Jahre:	Alpenfreibad.
4–6 Jahre:	Siehe unter 2-3 Jahre. Heimathaus (Museum).
Kinderfahrrad:	Nicht geeignet.

Anfahrt: Auf der Autobahn 96 in Richtung Lindau – Ausfahrt Isny, Wangen oder Sigmarszell/Scheidegg – dann den Schildern Richtung Scheidegg bzw. Lindenberg folgen – in Scheidegg an der Sparkasse in den Pfarrweg abbiegen in Richtung Kirche – gleich wieder links zum Parkplatz. (Navi: D-88175 Scheidegg, Pfarrweg)

Ausgangspunkt: Öffentlicher Parkplatz am Pfarramt.

Infos/Gaststätten: *Café Margit & Fehl und Handwerkermuseum s. Tour Scheidegger Wasserfälle). *Alpenfreibad, zwei beheizbare Kinderbecken mit Rutsche, Schattensegel über dem Becken, während Freibadsaison täglich von 9-19 h geöffnet (bei entsprechender Witterung), Tel. +49-8381-1440.

Aus der Wandertrickkiste:
Vielleicht gibt es in der Nachbarschaft einen netten Hund zum Ausleihen? Mit Hunden zu wandern kann Flügel verleihen.

Wegbeschreibung:
Die Route beginnt in Richtung Kirche und biegt links in die Kirchstraße ein. Am Ende der Straße geht es links ein kurzes Stück die große, verkehrsreiche Blasenbergstraße entlang. Auf der rechten Seite kommt noch vor der Kapelle ein Schild „Höhenweg". Es geht die Anhöhe hinauf und weiter in Richtung Kreuzberg. Am Kreuzberg gibt es ein paar Bänke zum Rast machen.

Der Weg schlängelt sich dann in kleinen Serpentinen wieder hinunter. Hinweis: Am Ende der Serpentinen führt links der Weg zum Alpenfreibad (5 Minuten, das ist nicht die Route, nur ein Hinweis). Rechts über die Hammerbühlstraße geht es zurück durch den Ort zur Kirche und zum Auto.

24. RW Scheidegg

da

Abenteuer am Ponyhof (800 m)

Entlang des Obstlehrpfades geht es durch den schön angelegten Scheidegger Kurpark zum Alpenfreibad, das mit bestem Bergpanorama seinesgleichen sucht. Zudem ist es mit dem beheizten Becken absolut für Kleinkinder geeignet. Bis zum Ponyhof sind bestimmt auch Kinder sehr gut zu begeistern. Die Verlängerung ist eher eine sportliche Runde für Eltern, die sich noch etwas austoben wollen. Die Route geht durch die liebliche Allgäuer Hügellandschaft mit Blick in die österreichischen Berge.

Wetter: Anforderung: Dauer: 30 min / 1,5 h

Anforderung:	Bis zum Ponyhof: leicht; flach; sehr gute Kieswege und Asphaltstraße. Verlängerung RW: Mittel; ein kurzes, steiles Gefälle mit 80 Hm; hauptsächlich Asphaltstrecke oder sehr guter Kiesweg, kurze Wurzelpassage.
Dauer:	Bis zum Ponyhof: 0,5 h; 1,7 km (eine Strecke). Verlängerung: RW 1,5 h; 5 km; 80 Hm.
Wetter:	Klass. Wanderwetter.

Wanderwert für Kinder:

2–3 Jahre:	Empfehlung nur bis zum Ponyhof; Kühe auf den Weiden; Wasser in der Kneipanlage mit kleinem Bach zum Plantschen; Alpenfreibad mit Kinderspielplatz und Kinderbecken; Erlebnis-Ponyhof mit Reitmöglichkeit und vielen Tieren siehe unter Infos.
4–6 Jahre:	Siehe unter 2-3 Jahre; beschilderter Obstlehrpfad.
Kinderfahrrad:	Bis zum Ponyhof geeignet. Verlängerung nicht geeignet, da starkes Gefälle.

Anfahrt: Von Lindenberg kommend am Kreisel geradeaus in Richtung Scheidegg (Ort) – Abzweigung links nach Weiler, nach 400 Metern rechts in Kurstraße und rechts auf den öffentlichen Parkplatz vor dem Hochseilgarten.
(Navi: D-88175 Scheidegg, Kurstraße 14)

Ausgangspunkt: Scheidegg; gebührenpflichtiger, öffentlicher Parkplatz am Hochseilgarten.

Infos/Gaststätten: *Forster Einkehr, Panorama Terrasse, Wirtsstube in urigem Originalzustand, Tel. +49-838-928445, Ruhetag: Mi. *Alpenfreibad, s. Scheidegg Höhenweg. *Erlebnis-Ponyhof, Ponyreiten, Streichelzoo, Abenteuerspielplatz, Sonnenterrasse zum Kaffee trinken und Eis essen, Spielscheune, Tel. +49-8381-83680, www.allgaeuer-ponyhof.com. *Kässtadl, gemütliches, heimeliges Restaurant, Terrasse, Tel. +49-8381-926420, www.sportalm-scheidegg.de, Ruhetag: Mi, Do.

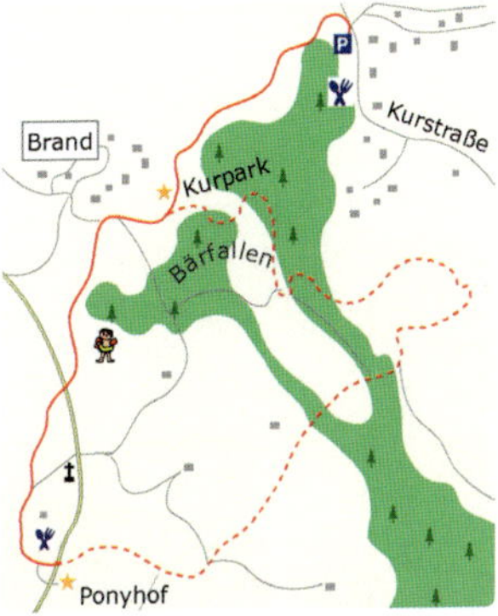

Wegbeschreibung:

Vom Parkpatz aus in die Kurstraße links abbiegen und gleich noch mal links. Dort führt ein kleiner, gut ausgeschilderter Weg in Richtung Alpenfreibad. Durch den „Scheidegger Obstsortengarten" mit diversen ausgeschilderten Obstbäumen geht es zur Kneippanlage, in der du bequem auf einer der Bänke pausieren und die Beine kühlen kannst. Am Freibad gilt es den Parkplatz und dann die Hauptstraße zu überqueren. Ab hier kann man sich nach der Beschilderung zum Ponyhof (nach links) richten. Links sehen wir die Hubertuskapelle und laufen an der Forster Einkehr vorbei. Wenig später ist der Ponyhof erreicht.

Verlängerung RW: Für eine ausgedehnte Runde führt der Weg weiter und quert dann die Straße links durch eine kleine Unterführung. Nun geht es auf der Asphaltstraße ca. 80 Höhenmeter hinunter. Am nächsten Abzweig links durch die Einsiedlerhöfe in Rorgenmoos. Dort links in Richtung Landschaftlicher Kurpark. Von hier ist das mächtige Gebäude der Kurklinik am Berg oben zu sehen. An der nächsten Abzweigung geht es links zwischen den Kuhweiden über einen gut befestigten Wiesenfeldweg weiter in Richtung Landschaftlicher Kurpark. Eine gemütliche Bank am Waldrand lädt ein zu einer kleinen Rast.

Im Wald quert der Weg ein Bächlein und führt dann rechts auf einem Schotterweg am Waldrand hinauf. Oben angekommen – links in Sichtweite ein kleines Forsthaus – dem Fitnessparcours ein paar Meter folgen. Hier ist der Weg aufgrund von Wurzeln kurz etwas holpriger. Bald schon führt ein Weg rechts in Richtung Weide hinaus, und du befindest dich direkt an der vom Hinweg bereits bekannten Kneippanlage. Am bekannten Weg zurück zum AP.

25. Von Scheidegg zum Skywalk

bei Scheidegg (910 m)

je

Der Skywalk bei Scheidegg ist ein abenteuerreiches Ausflugsziel für die ganze Familie. Von den stabilen Hängebrücken in den Baumwipfeln hat man einen weitreichenden Blick über die Region und das Tolle ist, dass alles barrierefrei ist, also mit dem Kinderwagen befahrbar. Zudem gibt es noch einen fantastischen Abenteuerspielplatz, ein Informationszentrum, Barfußpfad und Naturerlebnispfad. Also viel zu entdecken, erkunden und erfahren. Hier vergeht die Zeit wie im Fluge.
Für Lauffreudige haben wir eine kleine Wanderung zum Skywalk durch den Wald zusammengestellt. Eintrittsgebühren (nicht ganz billig) für Skywalk s. u. Infos.

Wetter: Anforderung: Dauer: 30 min

Anforderung:	Leicht; eben; Asphaltstraße; fester Wald-/Kiesweg.
Dauer:	Ca. ½ h; 3,5 km (eine Strecke); 95 Hm (Strecke bis zum Skywalk).
Wetter:	Klass. Wanderwetter.

Wanderwert für Kinder:

2–3 Jahre:	Toller Abenteuerspielplatz; Hängebrücken in den Bäumen; Barfußlehrpfad und Naturerlebnispfad.
4–6 Jahre:	Siehe unter 2-3 Jahre.
Kinderfahrrad:	Nicht geeignet.

Anfahrt: Von der Autobahn A96 Richtung Lindau kommend die Abfahrt Sigmarszell nehmen – links auf die Bundesstraße 308 Richtung Lindenberg fahren – im Kreisverkehr Scheidegg die erste Abfahrt und dann den Schildern Richtung Kurhaus folgen. (Navi: D-88175 Scheidegg, Am Hammerweiher 1)
Anfahrt direkt zum Skywalk: In Scheidegg den Schildern Richtung Skywalk Allgäu folgen. (Navi: D-88175 Scheidegg, Oberschwenden 25)

Ausgangspunkt: Gebührenpflichtiger Parkplatz am Kurhaus von Scheidegg.

Infos/Gaststätten: *Skywalk, im Informationszentrum gibt es ein Selbstbedienungsrestaurant, geöffnet von März bis Oktober (Änderungen vorbehalten), Eintrittspreise: Erw. 8,50 Euro, Kinder ab 1 Meter bis 17 Jahre 6,00 Euro, Kinder unter 1 Meter frei, Familienkarte (2 Erw., 2 Kinder) 25 Euro, www.skywalk-allgaeu.de.

Aus der Wandertrickkiste:
Mit Singen lässt sich auch während des Wanderns die Zeit verkürzen.

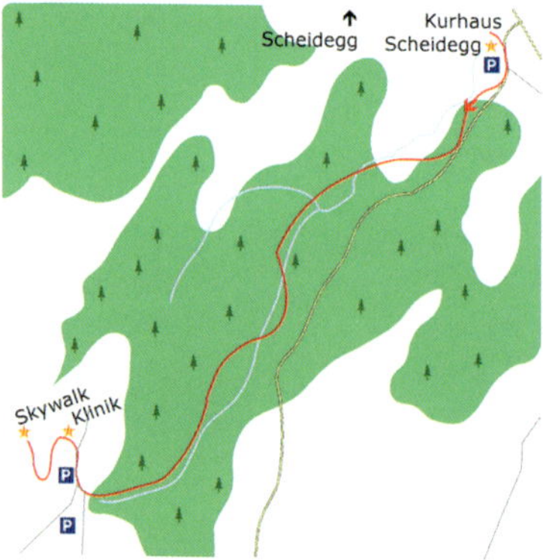

Wegbeschreibung:
Der Wanderweg mit dem Kinderwagen ist vom Kurhaus aus ausgeschildert. Vom AP rechts die Asphaltstraße entlang und dann rechts in den Wald abbiegen. Der Weg führt direkt zum Parkplatz vom Skywalk. Um ohne Treppen auf den Weg zum Informationszentrum und Co. zu gelangen, die Schranken der Klinik passieren und dahinter links der Asphaltstraße zum Skywalk folgen.

V. Lindauer Hinterland und Raum Wangen

26. Stadtspaziergang

durch Wangen (560 m)

je

Wangen gehört unserer Meinung nach zu den schönsten Städten dieser Region.

Also haben wir eine kleine, aber feine Runde durch dieses bezaubernde Städtchen zusammengestellt. Gleich zu Beginn passiert man ein kleines Kloster mit einem liebevoll gestalteten Klostergarten. Diesen Geheimtipp sollten sich vor allem Gartenfans nicht entgehen lassen. Die romantische Altstadt bietet viele interessante Gebäude und beeindruckende Stadttürme. Der Weg am Fluss Argen mit Blick auf die alte Stadtmauer versetzt einen zurück ins Mittelalter. Man sollte sich von dem Kopfsteinpflaster nicht abschrecken lassen und sich diese wunderschöne Stadt mit ihren versteckten Ruheplätzen, Spielplätzen, Figuren (Schweineherde beim Saumarkt) und Brunnen nicht entgehen lassen.
Tipp: Mittwoch und Samstag findet hier vormittags immer ein gut besuchter Wochenmarkt statt, mit sehr guten Obst- und Gemüseständen aus der Region.

Wetter:  Anforderung:  Dauer: 30 min

Anforderung: Leicht; eben; Kopfsteinpflaster in der Altstadt; Kiesweg und Asphaltstraße.

Dauer: RW ca. 30 min; 2 km.

Wetter: Immer möglich.

Wanderwert für Kinder:

2–3 Jahre:	Klostergarten mit Wasserschildkröten; Hochwasserente und Brunnen in der Stadt; Fluss, Brunnen und Bach im Park laden zum Plantschen ein; kleine, aber feine Spielplätze.
4–6 Jahre:	Siehe unter 2-3 Jahre; Infotafeln entlang der Argen zur Imkerei und Bienen; Geschäfte zum Bummeln.
Kinderfahrrad:	Nein, da Kopfsteinpflaster.

Anfahrt: Von Lindau kommend auf die Bundesstraße 12 Richtung Wangen fahren – diese geht über in die Bundesstraße 32 nach Wangen – in Wangen bis zur Ampel beim Autohaus Seitz vorfahren – an dieser links abbiegen – die erste links und dann die erste rechts abbiegen – auf dem hinteren, großen Parkplatz am Fluss parken (rechte Seite). (Navi: D- 88239 Wangen i.A, Am Klösterle)

Ausgangspunkt: Kostenfreier Parkplatz der Stadt Wangen (P17).

Infos/Gaststätten: *Café Moritz, dieses moderne Café bietet ein schönes Ambiente, leckere Speisen und vor allem im Sommer große Bänke und bequeme Stühle in einer ruhigen Straße, mit Blick auf ein intaktes, altes Mühlrad zum Frischluft genießen, Tel. +49-7522-707484, www.moritz-wangen.com, Ruhetag: Sa. *Fidelisbäck, diese weithin bekannt Bäckerei mit anschließender Gaststätte verspricht unglaublich leckere, 500-jährige Bäckershandwerkskunst (Seelen und Leberkäsweckerl probieren), Kinder bekommen beim Brotkauf meist ein Babylaugenhörnle, die Wirtschaft ist immer gut besucht (könnte eng werden), Tel. +49-7522-795931, www.fidelisbaeck.de, Ruhetag: So.

Wegbeschreibung:

Vom Ausgangspunkt der Straße zurück folgen. Gegenüber dem ersten, kleinen Parkplatz befindet sich das Kloster mit seinem versteckten und schnuckeligen Klostergarten, den man erreicht, indem man vor dem Kloster (Straßenspitze) links durch das kleine Tor geht (Schild an der Mauer). Wer sich diesen aber entgehen lassen will, geht linker Hand zur Hauptstraße (Isnyer Str.) weiter. Dort links abbiegen, vor der kleinen Brücke die Straße überqueren und rechts auf den Kiesweg an der Argen entlang weiter. An der Hochwasserente vorbei und mit

Hilfe der Brücke (dritte) den Fluss überqueren und auf der anderen Seite rechter Hand weitergehen. Vor der großen Autobrücke links zum kleinen Park abbiegen. Diesen durchqueren und dann links durchs alte Steintor zum Café Moritz. Dieses rechter Hand umrunden, den kleinen Hügel hoch und dann links in die Schmiedstraße abbiegen. Diese endet in der Fußgängerzone. Hier rechts abbiegen und vor dem Stadttor links in die Braugasse. An deren Ende links (Fidelisbäck gegenüber) und den großen Platz vor der Kirche überqueren, bergab gehen und unter dem Stadttor durch. Anschließend gleich wieder rechts gehen. Wer gleich wieder rechts geht, bzw. dieser Straße rechter Hand folgt, gelangt zu einem schönen Kinderspielplatz mit Schiff, Schaukel und Co (ein netter Abstecher für die Kleinen). Ansonsten der Straße vor zum Saumarkt und den Schweinefiguren folgen. Es geht geradeaus weiter in die Bindstraße. An der Hauptstraße linker Hand über die Brücke und gleich dahinter die Straße überqueren und auf den Weg an der Argen entlang zurück zum AP laufen.

27. Neuravensburger Ruine

bei Neuravensburg/Wangen (545 m)

je

Die Ruine ist eher ein Ausflugsziel als eine Wanderung, aber absolut empfehlenswert und ausgestattet mit vielen „Attraktionen“: schöner Spielplatz gleich beim Ausgangspunkt, fantastischer Ausblick von der Burgruine und schräg gegenüber befindet sich der Neuravensburger Weiher, der zum Plantschen und im Winter zum Eislaufen einlädt. Also ist für die ganze Familie etwas dabei.
Der Weg hoch zur Ruine ist mit dem Kinderwagen sehr gut befahrbar. Es empfiehlt sich aber, das Tragetuch mitzunehmen, denn der fantastische Ausblick kann nur über Treppen im Turm erreicht werden.
Tipp: Um Pfingsten findet hier ein interessanter und beliebter Mittelaltermarkt mit Tieren, Rittern, Bogenschießen, Kinderschminken, Märchenstunde und vielem mehr statt (siehe u. Infos).

Wetter: Anforderung: Dauer: 15 min

Anforderung:	Leicht; kaum ansteigende Asphaltstraße, Wald-/ Wiesenweg.
Dauer:	Ca. 15 min; 1 km (eine Strecke).
Wetter:	Immer möglich, im Winter bei Schneelage jedoch nur mit Tragetuch.

Wanderwert für Kinder:

2–3 Jahre:	Schöner Spielplatz in Neuravensburg; Burgruine lädt zum Spielen ein und vom Turm aus hat man einen schönen Blick über die Region; Weiher bietet Abkühlung im Sommer und Eislaufmöglichkeiten im Winter.
4–6 Jahre:	Siehe unter 2–3 Jahre.
Kinderfahrrad:	Geeignet (Steigung beachten).

Anfahrt: Von Lindau kommend auf die Bundesstraße 12 Richtung Wangen fahren – hinter Hergensweiler im Kreisverkehr links Richtung Rupolz abbiegen – auf der Straße bleiben und in Roggenzell rechts Richtung Neuravensburg fahren – in Neuravensburg die zweite Möglichkeit links (Turnhalle) abbiegen und rechts auf dem Parkplatz vor dem Feuerwehrhaus parken. (Navi: D- 88239 Wangen i.A., Hagmühleweg 5)

Ausgangspunkt: Kostenfreier Parkplatz vor dem Feuerwehrhaus.

Infos/Gaststätten: *Pizzeria „Rössle“, einfach, aber nett, Tel. +49-7528-7585. *Neuravensburger Weiher, am Ortsanfang, rechts. *Informationen zum Mittelaltermarkt: www.buh-neuravensburg.de (bei Aktuelles).

Wegbeschreibung:
Vom P aus rechts am Spielplatz vorbei. Dahinter wieder rechts den Hügel zur Ruine hoch. Sie sollte eigentlich nicht zu verfehlen sein! Zurück denselben Weg gehen. Für einen Rundweg kurz nach der Ruine links den Feldweg mit den zwei Asphaltstreifen hinunter. Unten angekommen geht es rechter Hand zum Ausgangspunkt.
Aufgrund der Kürze und der Einfachheit des Weges haben wir hier auf eine Karte verzichtet.
Achtung: Zur Weidezeit kann es passieren, dass der linke Weg zur Ruine hoch durch einen Weidezaun gesperrt ist. Dann ist sie nur über den rechten Weg (hinter dem Rathaus) zu erreichen.

28. RW beim Elitzer See

bei Wangen (568 m)

je

Reiter und Kutsche sind hier kein seltener Anblick.

Diese Runde ist ein sehr erholsamer Rundweg nahe dem schönen Städtchen Wangen. Es geht durch einen wunderschönen Wald, der durch seine besinnliche Atmosphäre besticht. Der Weg führt teils am Elitzer See entlang, der im Sommer eine kleine Abkühlung verspricht. Picknicktische und Grillplätze laden zum Grillen ein (Grillkohle und Verpflegung nicht vergessen).

Wetter: Anforderung: Dauer: 1 1/4 h

Anforderung: Leicht; fast eben; Asphaltstraße und Wald-/Wiesenwege.

Dauer: RW 1 1/4 h; 3,8 km.

Wetter: Klass. Wanderwetter, bedingt auch bei leichtem Regen geeignet, nach anhaltendem Regenwetter ist der Untergrund matschig.

Wanderwert für Kinder:

2–3 Jahre:	Kühe und Pferde auf den Weiden; der Wald lädt zum Entdecken ein und der See zum Plantschen und Picknicken; evtl. für weniger Lauffreudige Buggy mitnehmen.
4–6 Jahre:	Siehe unter 2–3 Jahre.
Kinderfahrrad:	Nicht geeignet.

Anfahrt: Von Lindau kommend der Bundesstraße 12 Richtung Wangen folgen – links Richtung Hergatz abbiegen – wieder links Richtung Wolfatz/Welbrechts abbiegen – hinter Wolfatz rechts in den Waldpfad einbiegen und am Anfang des Wanderweges parken. (Navi: D-88145 Hergatz, Bregenzerstr. /Wolfatz)

Ausgangspunk: Kostenfreier Parkplatz am Anfang des Wanderweges. Oberstaufen / Weissach; gebührenfreier Wanderparkplatz,gegenüber der Enzianhütte.

Infos/Gaststätten: Keine Gaststätte auf dem Weg, jedoch Picknicktische und Grillplätze beim See, also Verpflegung einpacken.

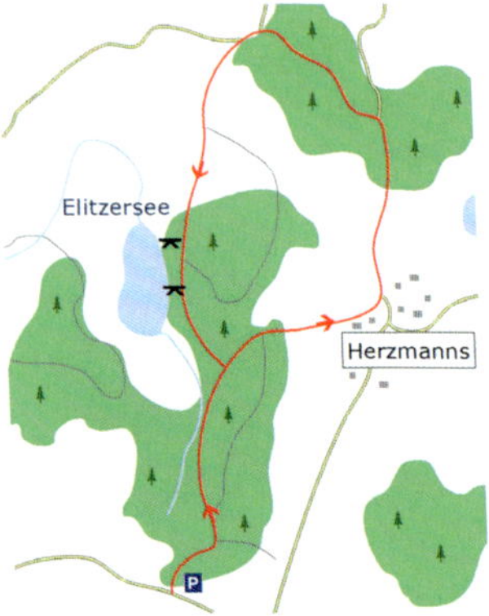

Wegbeschreibung:

Vom Parkplatz führt der Weg direkt in den Wald hinein. Diesem immer Richtung Herzmanns (weiß-gelbe Pfeile) folgen. Wenn du aus dem Wald kommst, führt dich ein Wiesenweg nach Herzmanns. Dort geht es links auf die Asphaltstraße und dann wieder links in den Wald Richtung Elitz. Weiter geht es links und zu guter Letzt wieder links auf den Feldweg, der in den Wald und entlang des Elitzer Sees führt. Die weiß-gelben Pfeile führen zu einer Kreuzung mit Wanderwegweisern. Hier nach rechts Richtung Wolfatz und zurück zum Auto.

29. RW Opfenbach

(597 m)

je

Dieser einfache Rundweg durch das Hinterland der urigen und verschlafen wirkenden Gemeinde Opfenbach ist zwar keine Highlighttour, aber genau richtig zum Beine vertreten, Fitness stärken und anschließender Einkehr.

Wer Lust auf etwas Süßes hat: Beim Gasthof zum Löwen gibt es die besten Kuchen und Torten weit und breit. Wer es lieber deftig mag, ist im kinderfreundlichen „Café und Mehr“ genau richtig. Der Weg führt über kaum befahrene Asphaltstraßen und nur relativ am Ende auf einem separaten Weg ein kurzes Stück an der Hauptstraße entlang.

Wetter:  ○ Anforderung: ● Dauer: 1 3/4 h

Anforderung:	Leicht; meist eben, nur eine nennenswerte Steigung; Asphaltstraße.
Dauer:	RW ca. 1 3/4 h; 5 km; 70 Hm.
Wetter:	Klassisches Wanderwetter, auch im Winter geeignet.

Wanderwert für Kinder:

2–3 Jahre:	Siehe Kinderfahrrad
4–6 Jahre:	Siehe Kinderfahrrad.
Kinderfahrrad:	Geeignet für Räder jeglicher Art, es könnte aber schon mal ein Auto kommen.

Anfahrt: Von Lindau kommend der Bundesstraße 308 Richtung Lindenberg folgen – links nach Niederstaufen abbiegen - durch Niederstaufen durchfahren und auf der Straße bleiben – führt direkt nach Opfenbach – links vor der Kirche parken. (Navi: D-88145 Opfenbach, Kirchplatz 5)

Ausgangspunkt: Kostenfreier Parkplatz vor der Kirche in Opfenbach.

Infos/Gaststätten: *„Café und Mehr", gut bürgerliche Küche mit Spielecke im Lokal, sehr liebe und kinderfreundliche Wirtsleute, Wickelkommode vorhanden, Tel. +49-8385-612, www.cafeundmehr-opfenbach.de; Ruhetag: keiner. *Gasthof „Zum Löwen", super leckere, selbst gemachte Kuchen und Torten (ein echter Geheimtipp), liebe und freundliche Wirtsleute, nicht vom älteren Erscheinungsbild abschrecken lassen, Tel. +49-8385-285, Ruhetag: Di.

Wegbeschreibung:
Vom Parkplatz aus geht es links an der Kirche vorbei den Hügel hinunter und dann den Schildern Richtung Göritz nach. Nach der Ortschaft links Richtung Beuren weitergehen. Dort der zweiten Abzweigung links nach Ruhlands folgen. An der T-Kreuzung wieder links Richtung Ruhlands halten. Anschließend durch Ruhlands durch und am Ende auf den Fahrradweg, der neben der Bundesstraße entlangführt. Diesem Weg für ein kurzes Stück folgen und vor Opfenbach links Richtung Beuren abbiegen. Dann geht es gleich wieder rechts und der Straße durch die Siedlung zur Kirche und dem Auto folgen.

30. RW zum Achberger Schloss

bei Esseratsweiler (535 m)

je

Die Strecke von Esseratsweiler zum Schloss führt über kaum befahrene Asphaltstraßen. Höhepunkt ist die Besichtigung des Schlosses mit seinen Holzbauten (super für die Kleinen zum Besteigen und toller Blick). Die Verlängerung, die Schlossrunde, ist nur zu zweit begehbar, da sie einige Treppen (können aber umgangen werden, siehe Alternativweg) und ein kurzes, steiles Wurzelstück beinhaltet. Jedoch ist die Atmosphäre, die die Hängebrücke über den Argen bietet, die Unwegsamkeiten wert.
Wer keine längere Wanderung machen will, kann das Schloss als Ausflugsziel nehmen und fast direkt hinfahren. Im Sommer kann man auch beim Schlosskiosk eine Brotzeit kaufen.

Wetter: Anforderung: Dauer: 1 3/4 h

Anforderung: Mittel; rel. eben; Asphaltstraße v. Esseratsweiler bis zum Schloss, dann ein kurzes, steiles, wurzeliges Stück, ansonsten Wald-/Wiesenweg; Verlängerung nur zu zweit möglich, siehe Wegbeschreibung.

Dauer: RW (gesamt lt. Skizze) ca. 1 3/4 h; 6,8 km; 60 Hm. Vom AP bis zum Schloss ca. 1/2 h (eine Strecke), Verlängerung Schlossrunde ca. 3/4 h.

Wetter: Klass. Wanderwetter.

Wanderwert für Kinder:

2–3 Jahre:	Empfehlung: direkt zum Schloss zu fahren und dort die Gegend zu erkunden (Holztürme, Hängebrücke).
4–6 Jahre:	Siehe 2–3 Jahre.
Kinderfahrrad:	Siehe Anforderung. Achtung: Autoverkehr.

Anfahrt: Von Lindau kommend der Autobahn 96 Richtung Memmingen folgen – Anschlussstelle Weißensberg abfahren, links halten – an der T-Kreuzung rechts auf die Bundesstraße 18 Richtung Neuravenburg fahren, dann links nach Pechtensweiler abbiegen – in Esseratsweiler an der großen Kreuzung links abbiegen, kurz vor dem Ende rechts und vor der Sport- bzw. Kletterhalle parken. (Navi: D-88147 Achberg, Schulstraße 11)

Ausgangspunkt: Kostenfreier Parkplatz bei der Kletterhalle in Esseratsweiler.

Infos/Gaststätten: *Landhaus Achberg, Esseratsweiler, leckere Küche, sonnige Terrasse, Tel. +49-8380-981430, www.landhausachberg.de, Ruhetag: Mi.

Wegbeschreibung:

Vom Ausgangspunkt zurück auf die Hauptstraße gehen und dann links halten. Nach Esseratsweiler (Ortsende) links auf die Asphaltstraße nach Liebenweiler abbiegen. Dort angekommen geht's an der T-Kreuzung rechts nach Duznau weiter. Nach dem kleinen Waldstück, bei der nächsten T-Kreuzung links und immer weiter bis nach Duznau. In Duznau geht es rechter Hand weiter zum Achberger Schloss. An der nächsten Kreuzung daher einfach den Schildern links zum Schloss Achberg

Die Schlossrunde ist noch eine kleine, sehr empfehlenswerte Zusatzrunde.

Schlossrunde (Verlängerung): kurzes, steiles Wurzelstück (hier muss der Kinderwagen ein paar Meter getragen werden): Für diese schöne Runde muss man vor dem Schloss rechts abbiegen und dem beschilderten Wanderweg (Route 1) den Berg hinab folgen. Auf diesem Weg links bleiben. Bei der Abzweigung links zum Fluss und später zur Hängebrücke abbiegen. Diese Brücke hat eine angenehme Atmosphäre und lädt auf alle Fälle zum Begehen ein. Für den Weiterweg muss man sie jedoch rechts liegen lassen und den Hang hinauf. Hier kommt eine Schikane mit einigen Metern steilem Wurzelhang, an deren Ende es links den Berg hinauf geht und dann zurück zum Parkplatz. Um wieder zum Auto zu gelangen, gehst du am Ende des Parkplatzes rechts auf die Straße und folgst der Straße zurück nach Esseratsweiler. Dort rechts die Hauptstraße hinabgehen und im Ort rechts zum Ausgangspunkt abbiegen.

folgen, vorbei an dem alten Hof und dann links auf den Parkplatz zum Schloss abbiegen. Passiere die Wegtafel und folge dem Weg in den Wald. Rechts geht es zu den Stufen zum Schloss Achberg (beschildert). Alternativweg: Den Parkplatz links liegen lassen und einfach der Straße folgen, die dich in einer Linkskurve zum Schloss bringt. Schöner ist jedoch die Stufen-/Waldpassage.

31. RW durch das urige Degermoos

bei Hergatz (570 m)

je

Dies ist unsere längste Tour, aber aufgrund ihrer abwechslungsreichen Landschaft (interessante Moos- und Torflandschaft mit Infotafeln, schöner Wald, „Weitblickwiesen") eine gute Alternative für Fitte und Geübte, die auch mit Kinderwagen ihre Muskeln wieder einmal spüren wollen. Da einige Tragepassagen dabei sind, sollte die Tour nur zu zweit begangen werden. Es gibt auf der Strecke leider keine Einkehrmöglichkeit, deshalb ist es empfehlenswert, ausreichend Verpflegung mitzunehmen. Es bieten sich hier die unterschiedlichsten Plätze (z.B. im Wald oder bei der Kapelle) zum Picknicken an. Ein Abstecher zur Marienkapelle (ca. nach einem Drittel des Weges, kleineres Treppenstück beachten) lohnt sich, da man von dort einen schönen Blick über die Region hat. Wer sich auf das Abenteuer Degermoos einlässt, wird am Abend mit dem guten Gefühl einschlafen, heute etwas geleistet zu haben.

Wetter: ◐ Anforderung: ● Dauer: 4 1/2 h

Anforderung:	Schwer aufgrund der Länge; rel. eben; Asphaltstraße, Schotterwege (zum Teil nur langsam befahrbar), Wald- und Wiesenwege – kurze Tragepassagen (einige Meter).
Dauer:	RW ca. 4 1/2 h; 13 km; 40 Hm.
Wetter:	Klass. Wanderwetter.

Wanderwert für Kinder:

2–3 Jahre:	Nicht geeignet.
4–6 Jahre:	Nicht geeignet.
Kinderfahrrad:	Nicht geeignet.

Anfahrt: Von Lindau kommend der Bundesstraße 12 Richtung Wangen folgen – bei Hergatz rechts Richtung Lindenberg auf die Bundesstraße 32 abbiegen und gleich links hinter dem Spielcasino parken. (Navi: D-88145 Opfenbach, Hergatz)

Ausgangspunkt: Kostenfreier Parkplatz neben dem Casino bei Wigratzbad.

Infos/Gaststätten: Keine Einkehrmöglichkeit auf der Wanderung vorhanden, deshalb ausreichend Verpflegung mitnehmen.

Wegbeschreibung:

Vom Ausgangspunkt rechts bis vor zur Bundesstraße 12 laufen und dann mithilfe der Unterführung unter dieser hindurch. Anschließend geradeaus auf der Hauptstraße durch Hergatz. Danach links den Schildern Richtung Adelgunz folgen. Nachdem du diesen Ort durchquert hast, wird aus der Straße ein Schotterfeldweg, auf dem es holprig wird. An der nächsten Kreuzung rechts Richtung Untermoosweiler. Nun kommt man ins Degermoos. Auf dem Weg durch das Moos bleiben. Nach einer guten Weile führt der Pfad aus dem Wald und verläuft linker Hand am Waldrand entlang. Jetzt geht es nicht mehr Richtung Untermoosweiler, sondern links den Schildern zur Kapelle Marienberg folgen. Hier könnte es aufgrund des Schotters und der Wurzeln etwas holprig werden, deshalb im Zweifelsfalle besser den Kinderwa-

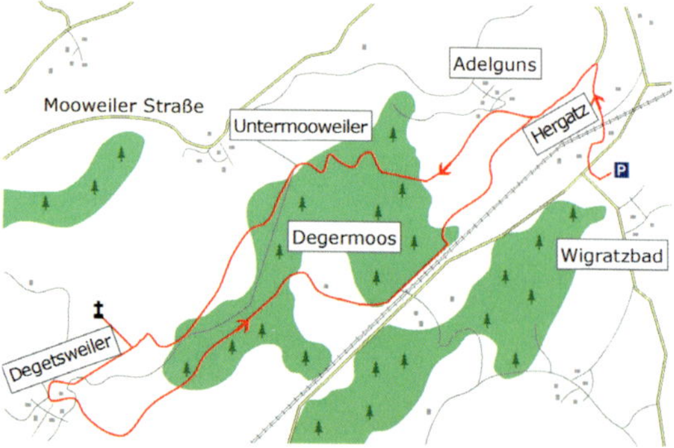

gen kurz tragen. An der Kapelle empfiehlt sich ein kurzer Abstecher die Stufen hoch, um den Blick und evtl. ein Picknick zu genießen. Danach die Asphaltstraße bis nach Degetsweiler weiter. Gehe an den Pferdekoppeln entlang und wende dich an der T-Kreuzung links nach Volklings. Umrunde einfach den Reiterhof und halte dich an die Schilder Richtung Volklings. Dort angekommen geht es den Wegweisern linker Hand ins Degermoos nach. Aus der Asphaltstraße wird wieder ein Schotterfeldweg, der aber gut befahrbar ist. Bleibe auf diesem Weg und folge weiterhin den Schildern Degermoos bzw. den weiß-gelben Pfeilen oder gelben Punkten/Pfeilen auf den Bäumen. Zum Teil finden sich hier schmale und wurzelige Wege, die sich aber bei langsamer Geschwindigkeit gut mit dem Kinderwagen befahren lassen. Wenn du das Degermoos verlässt, folge den Schildern nach Obernützenbrugg und passiere den großen Hof. Anschließend geradeaus halten und der Asphaltstraße nach Obernützenbrugg folgen. Überquere nicht die Bahngleise, sondern gehe links, parallel zu den Gleisen und der Bundesstraße 12 Richtung Hergatz. Von dort durch den Ort, unter der Unterführung durch und zurück zum AP.

32. RW Hergensweiler

Ein gemütlicher Spaziergang (546 m)

je

Dieser Rundweg um das kleine, idyllische Dorf Hergensweiler ist eine einfache, aber nette Möglichkeit, sich die Beine zu vertreten.

Auf dem Rundweg passiert man zudem das Naturschutzgebiet Stockenweiler Weiher, der zu einer besinnlichen Rast und zum Plantschen einlädt. Es geht, bis auf ein kurzes Stück Fahrradweg neben der Hauptstraße, auf kleinen, asphaltierten Verbindungsstraßen dahin, was wiederum für angehende RadlerInnen optimal ist. Hergensweiler hat einen tollen Spielplatz und wer es einrichten kann, sollte das kleine, urige Heimatmuseum besuchen.
Tipp: Der Spielplatz befindet sich beim Sportplatz und das Heimatmuseum gegenüber der Kirche.

Wetter: ☀ ☂ ☃ ○ Anforderung: ● Dauer: 1 1/4 h

Anforderung:	Leicht; eben; nur Asphaltstraße.
Dauer:	RW ca. 1 1/4 h; 4,7km; 30 Hm.
Wetter:	Klass. Wanderwetter, auch im Winter geeignet.

Wanderwert für Kinder:

2–3 Jahre:	Schöner Spielplatz in Hergensweiler; Stockenweiler Weiher; auf alle Fälle Buggy mitnehmen.
4–6 Jahre:	S. u. 2-3 Jahre. Infotafeln beim Weiher.
Kinderfahrrad:	Perfekt geeignet für Räder aller Art (durchgehend asphaltiert und flach) – jedoch (wenig befahrene) Straßen.

Anfahrt: Von Lindau kommend der Bundesstraße 12 Richtung Wangen folgen – in Hergensweiler zweite Möglichkeit rechts abbiegen, über die Bahngleise fahren – links hinter dem Rathaus parken. (Navi: D-88138 Hergensweiler, Friedhofweg 2)

Ausgangspunkt: Parkplatz neben dem Rathaus bzw. vor dem Friedhof.

Infos/Gaststätten: *Gasthaus Alte Post, Tel. +49-8388-9234730, www.altepost-hergensweiler.de. *Gasthof Sonne, Kinderkarte, Tel. +49-8388-920765, www.sonne hergensweiler.com, Ruhetag: Do; *Heimatmuseum Hergensweiler (geöffnet jeden ersten und dritten Sonntag im Monat)

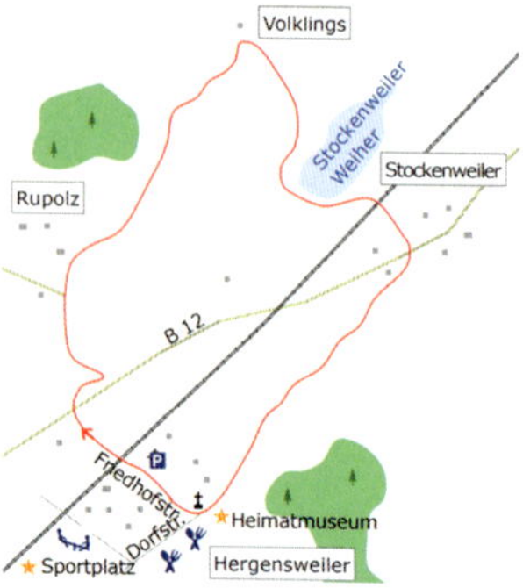

Wegbeschreibung:

Vom AP wieder zurück zu den – am Anfahrtsweg passierten – Bahngleisen und der Hauptstraße gehen. Hier rechts vor zum Kreisverkehr und links nach Rupolz abbiegen. Dort angekommen (ist nur ein kurzes Wegstück) rechts Richtung Volklings. In Volklings rechts Richtung Stockenweiler und vorbei am Naturschutzgebiet und am Weiher. In Stockenweiler gilt es die Hauptstraße zu überqueren (altes Rad steht an der Straße zu Orientierung) und parallel zu dieser auf einer relativ ruhigen Asphaltstraße zurück zurück zum AP.

33. RW Niederstaufen

(590 m)

je

Dieser entspannte Weg um das kleine Dorf Niederstaufen bietet eine nette Abwechslung zur eigenen Hausrunde. Es geht einen gut befahrbaren Weg am Waldrand entlang, der einen schönen Blick über die Region bietet. Diverse Bänke auf dem Weg laden zum Verweilen und Picknicken ein. Bei gutem Wetter lässt sich sogar der Bodensee blicken. Zum Teil wandelt man hier auch auf den Pfaden des Jakobsweges. Am Ende der Wanderung empfehlen wir die Einkehr in ein urig-nettes Wirtshaus (s. Infos) mit gemütlichem Biergarten, Sandkasten mit Kletterbaum und angeschlossener Biolandwirtschaft zum Seele baumeln lassen. Wer nicht allzu viel Zeit hat, kann diese Tour auch abkürzen, muss dafür aber eine längere Steigung in Kauf nehmen (jedoch lohnt sich der Blick).

Wetter: Anforderung: Dauer: 2 h

Anforderung:	Mittel; einmal zieht sich die Steigung etwas dahin; überwiegend Schotterweg, fester Wald-/Feldweg.
Dauer:	RW ca. 2 h; 6,5 km; 70 Hm.
Wetter:	Klass. Wanderwetter, Abkürzung auch im Winter geeignet.

Wanderwert für Kinder:

2–3 Jahre:	Für WagerlsitzerInnen und Lauffreudige gut geeignet; der Wald lädt zum Entdecken und Spielen ein; kleines Klettergerüst und Tischtennisplatte beim AP und Spielgelegenheit bei der Einkehrmöglichkeit.
4–6 Jahre:	Siehe unter 2-3 Jahre.
Kinderfahrrad:	Nicht geeignet.

Anfahrt: Von Lindau kommend der Bundesstraße 308 Richtung Lindenberg folgen – links nach Niederstaufen abbiegen – in Niederstaufen Parkplatz auf der linken Seite gegenüber der Kirche benutzen. (Navi: D-88138 Niederstaufen, Allgäustr. 27)

Ausgangspunkt: Niederstaufen, kostenfreier Parkplatz vor der ehemaligen Grundschule.

Infos/Gaststätten: *Gasthof „Zum Löwen", (direkt an der Hauptstraße durch den Ort gelegen, passiert man am Anfang der Wanderung) gut bürgerliche Küche, fantastisches Biorindfleisch, Sandkasten und Kletterbaum neben dem Biergarten, auf Wunsch Malstifte und Spielzeug erhältlich, urig-nette Wirtsleut, Biorinderstall, der durch ein kleines Fenster einsehbar ist, Tel. +49-8388-228, ab 17 h geöffnet, Ruhetag: Do.

Wegbeschreibung:
Vom Ausgangspunkt links die Allgäustraße entlang und am Ende der Ortschaft links Richtung Immen abbiegen. Nun die erste Möglichkeit rechts durch den Kfz-Betrieb Milichberger. Dort wird man meist von deren freundlicher Labradorhündin Emma begrüßt, die einen manchmal ein Stückchen des Weges begleitet. Die Asphaltstraße geht in einen gut befahrbaren Schotterweg über und führt über schöne Wiesen. Passiere den mittleren Hof mit der großen Puppe auf dem Balkon, halte dich

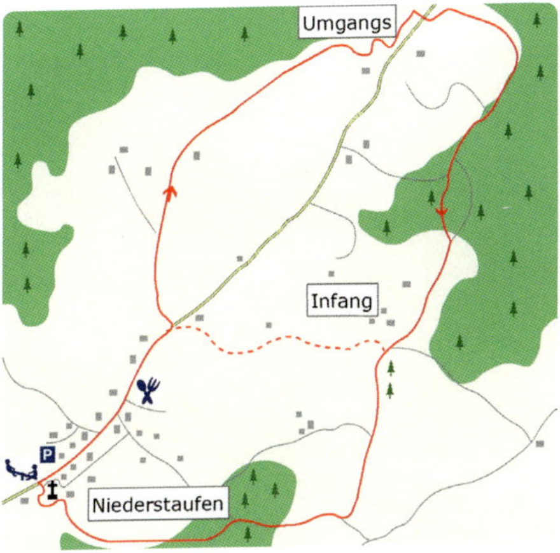

rechts und bleibe auf dem Weg links neben der Hauptstraße. Bevor es den Berg hinab geht, die Hauptstraße überqueren und den Feldschotterweg hoch zum Wald laufen. Bleibe auf diesem Weg, bis er dich am Ende linker Hand in den Wald hinein führt (dritte Abzweigung). Aus dem Wald heraus geht es rechts den Feldweg weiter, der anschließend in eine Asphaltstraße übergeht (hier kommt der schöne Blick). Gehe weiter geradeaus und passiere das kleine Wäldchen. Dieser Weg führt vorbei an Koppeln mit Pferden, bis er in eine T-Kreuzung mündet. An dieser rechts den Hügel hinab nach Niederstaufen. Im Wäldchen führt dich ein weiß-gelber Pfeil plus Jakobsmuschel links auf einen Waldweg. Dieser endet in einer Asphaltstraße, der du rechter Hand zum AP folgen kannst.

Abkürzung: Am Ende der Ortschaft Niederstaufen nicht links, sondern rechts Richtung Infang abbiegen (siehe Skizze). Achtung, hier kommt die Steigung. Oben rechts und dann der Originalroute (ab schönem Blick) folgen.

34. RW Schlachters/Wildberg,

vorbei am Flugplatz, bei Sigmarszell (500 m)

je

Bei diesem einfachen und kurzen Rundweg hat uns vor allem das nette Ausflugsziel „Zum fliegenden Bauern“ auf halber Strecke gefallen. Schon der Name zeugt ein bisschen von Selbstironie und tatsächlich stören die kleinen Flugzeuge, denen man beim Starten und Landen zusehen kann, kaum. Unsere Kleinen waren jedenfalls davon begeistert, außerdem von den Ziegen und dem Spielplatz dort und wir – ob des netten Biergartens und der freundlichen Atmosphäre. In Wildberg geht es für einige Meter an der Bundesstraße entlang, ansonsten führt der Weg auf kleinen, ruhigen Straßen mit wenig Verkehr und teilweise zwischen Obstplantagen entlang.

Wetter: Anforderung: Dauer: 1 h

Anforderung:	Leicht; relativ eben; kurzer Wald- und Wiesenabschnitt, ansonsten nur Asphaltstraße.
Dauer:	RW ca. 1 h; 4 km.
Wetter:	Bei jedem Wanderwetter, auch im Winter.

Wanderwert für Kinder:

2–3 Jahre:	Kühe und Pferde auf den Weiden; toller Spielplatz beim „Fliegenden Bauern" mit Ziegengehege; großer Spielplatz am AP; Flugzeuge; Rollrad geeignet bis auf das kurze Wald-/Wiesenstück (kann aber umgangen werden, s. Alternativroute).
4–6 Jahre:	Siehe unter 2-3 Jahre. Infotafeln zum Käsewanderweg.
Kinderfahrrad:	Geeignet (Alternativroute beachten).

Anfahrt: Von Lindau kommend der Bundesstraße 308 Richtung Lindenberg folgen – links nach Schlachters fahren – gegenüber dem Rathaus rechts abbiegen, erste Möglichkeit wieder rechts. (Navi: D-88138 Sigmarszell-Schlachters, In den Osterwiesen 6)

Ausgangspunkt: Kostenfreier Parkplatz in der Nähe des Wertstoffhofes in Schlachters.

Infos/Gaststätten: *Ghf. „Zum fliegenden Bauern", netter Biergarten mit Blick über den Flugplatz und Spielplatz mit lustigem „Sesselprater", Tel. +49-8389-1604, www.zum fliegenden bauern.de (mit Video), Ruhetag: Mo.

Aus der Wandertrickkiste:
Kleine bunte Zetterl am Weg auslegen.
Zum Schluss gibt's eine Belohnung für die erfolgreiche Suche.

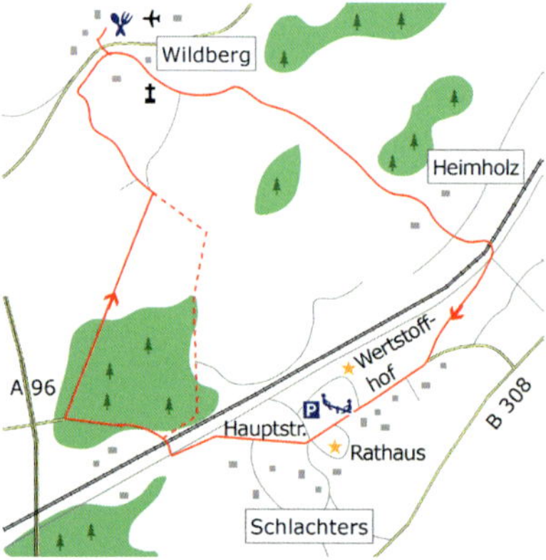

Wegbeschreibung:
Vom Ausgangspunkt zurück zur Hauptstraße gehen, dann rechts halten. Nach dem Überqueren der Bahngleise die zweite Möglichkeit wieder rechts abbiegen. Der Weg führt am Waldrand entlang, parallel zur Straße und verläuft dann in einer Rechtskurve in den Wald hinein. An der Asphaltstraße rechts halten und an deren Ende links abbiegen und der Straße nach Wildberg folgen. Dort führt die Hauptstraße rechter Hand zum Flugplatz und zum „Fliegenden Bauern“. Nach einer gemütlichen Einkehr der Straße gegenüber dem Flugplatz nach (Hauptstraße überqueren) und den Hügel zur Kapelle hinaufgehen. Dieser Straße über die Gleise folgen, bis sie uns wieder zur Hauptstraße von Schlachters führt. Dort rechts, die Hauptstraße entlang und zurück zum Ausgangspunkt rechts abbiegen.

Alternativweg: Sollte es schlechtes Wetter haben oder ihr mit dem Rad unterwegs sein, kann der Wald-/Wiesenweg am Anfang ausgelassen werden. Stattdessen gleich nach den Bahngleisen rechts abbiegen und auf der Asphaltstraße bleiben, bis man in Wildberg ist.

35. RW Weißensberger See

je (500 m)

Ein super Weg zum Inlineskaten, Rad oder Roller fahren.

Dieser kleine Rundweg erscheint uns optimal für Familien mit „radelnden“ Geschwisterkindern. Die Landschaft bietet zwar keine „Highlights“, aber für Kinder gibt es eine Bahnstrecke (mit evtl. vorbeifahrendem Zug) und Seevögel zum Beobachten. Der „Rad-Weg“ ist durchgehend asphaltiert und hat keine nennenswerten Steigungen. Jedoch sollte man in Weißensberg aufpassen, da der Weg dort auf dem Bürgersteig neben einer befahrenen Straße entlangführt.

Wetter: Anforderung: Dauer: 30 min

Anforderung: Leicht; eben; Asphaltstraße.
Dauer: RW ca. ½ h; 2,7 km.
Wetter: Klass. Wanderwetter.

Wanderwert für Kinder:

2–3 Jahre:	Auf Grund seiner Kürze und der Wegbeschaffenheit bestens für Räder jeder Art geeignet.
4–6 Jahre:	Siehe unter 2-3 Jahre.
Kinderfahrrad:	Perfekt geeignet.

Anfahrt: Von Lindau kommend der Bundesstraße 12 Richtung Wangen folgen – in Weißensberg an der Ampel rechts in die Kirchstraße abbiegen – auf den Parkplätzen neben oder vor dem Rathaus entlang der Straße parken.
(Navi: D-88138 Weißensberg, Kirchstr. 13)

Ausgangspunkt: Kostenfreier Parkplatz neben dem Rathaus.

Infos/Gaststätten: *Gasthof „Dos Locs", mexikanische Küche, Tel. +49-8389-9228846, Ruhetag: Mo.

Wegbeschreibung:
Vom Ausgangspunkt links den Fahrradweg parallel zu den Bahngleisen entlanglaufen. Vor der Brücke links nach Rothkreuz abbiegen. An der nächsten Kreuzung erneut links auf den Fahrradweg zwischen Seelandschaft und Asphaltstraße. In Rothkreuz-Weißensberg natürlich wieder links und anschließend wieder links in die Kirchstraße abbiegen und zurück zum Auto.

36. RW Weißensberger Halde

bei Schlachters (536 m)

je

Dieser Weg eignet sich besonders an heißen und sonnigen Tagen, da der Wald viel Schatten und Kühle spendet. Auch der Schlachtener Weiher lädt zu einer kleinen Abkühlung ein. Ansonsten bietet sich von der kleinen Kapelle auf der Weißensberger Halde ein fantastischer Blick über den Bodensee und seine Region, der sich vor allem bei einem Picknick auf der Bank mit Tisch so richtig genießen lässt. Die Wiese dort lädt zum Spielen ein und ist vom Picknicktisch aus gut einsehbar. Die Panoramainfotafel ist vielleicht für Eltern und größere Kinder interessant. Einfach ein wunderschöner Aussichtspunkt.

Wetter: Anforderung: Dauer: 1 h

Anforderung:	Leicht; relativ eben; gut befahrbarer Kieswaldweg und Wiesenweg.
Dauer:	RW ca. 1 h; 3,5 km.
Wetter:	Klass. Wanderwetter.

Wanderwert für Kinder:

2–3 Jahre:	Für WagerlsitzerInnen und Lauffreudige gut geeignet; der Wald lädt zum Entdecken und Spielen ein; Plantschen am Schlachtener Weiher; Kühe auf den Weiden; Tollmöglichkeit auf der Wiese bei der Kapelle.
4–6 Jahre:	Siehe unter 2-3 Jahre; Panoramainfotafel.
Kinderfahrrad:	Nicht geeignet.

Anfahrt: Von der Autobahn 96 Richtung Lindau die Abfahrt Sigmarszell nehmen – links Richtung Sigmarszell/Lindenberg fahren – links nach Schlachters abbiegen – dort vor den Bahngleisen links zum Sportplatz fahren. (Navi: D-88138 Sigmarszell/Schlachters, Weiherstraße)

Ausgangspunkt: Kostenfreier Parkplatz beim Sportplatz in Schlachters.

Infos/Gaststätten: Keine Gaststätte auf dem Weg, aber Picknicktisch bei der Kapelle vorhanden.

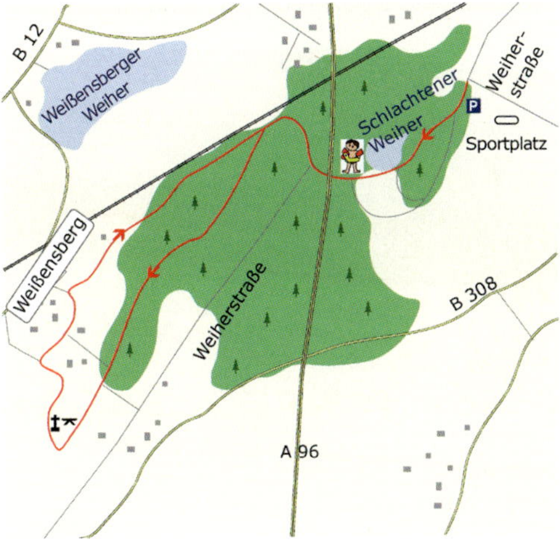

Wegbeschreibung:
Vom Ausgangspunkt weiter auf der Weiherstraße und dann rechts dem weiß-gelben Pfeil in den Wald hinein folgen. Hinter der Brücke über die Autobahn rechts und dann links dem Schild Richtung Weißensberger Halde nach. Dieser Weg führt zur Kapelle (rechts abbiegen) und bietet, wenn man aus dem Wald kommt, einen traumhaften Blick über die Region (See und Berge). Anschließend dem Wiesenweg hinter der Kapelle nach Weißensberg folgen und hinter der Turnhalle der Grundschule rechts abbiegen. Es geht die zweite Möglichkeit rechts am Sportplatz vorbei. Auf diesem Weg bis zur Brücke bleiben. Diese überqueren und zurück zum AP.

37. RW Hangnach

bei Bösenreutin (460 m)

je

Dieser entspannende Rundweg durch den schönen Hangnacher Wald ist vor allem im Herbst bei sonnigem Wetter zu empfehlen. Das bunte Laub ist einfach fantastisch. Zudem lädt der Bach im Wald und die Laiblach am Steg zum Plantschen ein. Jedoch gibt es eine Tücke bei dieser Strecke: Um zum Lochersteg zu gelangen, der auch nach Österreich führt, muss der Kinderwagen Treppen hinuntergetragen werden. Geübte können ihn aber auch auf den Hinterrädern einen schmalen Pfad neben den Stufen hinunter schieben, wenn dieser nicht von Pferden aufgewühlt ist. Also im Zweifelsfall lieber zu zweit unterwegs sein. Der Abstecher nach Österreich (weitere 400 Meter) zu einer gemütlichen und sehr kinderfreundlichen Gastwirtschaft lohnt sich und bietet zudem schöne Landschaftsblicke und eine Kneippanlage.

Wetter: ☀ ☂ ◑ Anforderung: ◐ Dauer: 1 1/4 h

Anforderung:	Leicht bis mittel; fast eben, jedoch kurzer Treppenabschnitt (besser zu zweit zu bewältigen); Asphaltstraße, Wald- u. Kiesweg.
Dauer:	RW ca. 1 1/4 h; 4,5 km.
Wetter:	Klass. Wanderwetter.

Wanderwert für Kinder:

2–3 Jahre:	Für Lauffreudige oder WagerlsitzerInnen; Bach lädt zum Plantschen ein und der Wald zum Entdecken (Wechselkleidung mitnehmen); Esel, Pferde und Schafe sind auf dem Weg und mit Glück können sie gefüttert oder gestreichelt werden (am Zaun steht ein Geldeinwurf-Futterkasten, man kann nicht ins Gehege); toll ist auch der Holzsteg, der über die Laiblach nach Österreich führt; kleiner Spielplatz, Spielzimmer, Kaninchen und Kneippanlage bei der Einkehrmöglichkeit.
4–6 Jahre:	Siehe unter 2-3 Jahre.
Kinderfahrrad:	Nicht geeignet.

Anfahrt: Von der Autobahn 96 nach Lindau fahrend die Abfahrt Sigmarszell nehmen – links auf die Bundesstraße 308 Richtung Lindenberg abbiegen – links nach Schlachters abbiegen. In Schlachters links nach Zeisertsweiler/Lindau abbiegen, auf der Straße bleiben – durch Zeisertsweiler, Witzigmän und Bösenreutin durchfahren – bei der Müllumladestation (rechte Seite) links abbiegen und gleich wieder rechts befindet sich der Parkplatz.
(Navi: D-88131 Lindau am Bodensee, Bösenreutiner Steig 33)

Ausgangspunkt: Kostenfreier Parkplatz gegenüber der Müllumladestation (im Wald).

Infos/Gaststätten: *Ghf. „Zum Bad Diezlings" sehr kinderfreundlich, Spielzimmer mit Wickeltisch, kleiner Spielplatz, Kneippanlage, gute Küche mit schönem Biergarten, Tel. +43-5573-84260, www.bad-diezlings.at. (Wer den Abstecher zum Ghf. nicht machen möchte, nimmt am besten Brotzeit für ein Picknick im Wald mit.)

Wegbeschreibung:
Vom Parkplatz führt die Straße, auf der du gekommen bist, in den Wald hinein. Als Groborientierung dienen die Wegweiser „Lochersteg". Es muss für die Runde eine ruhige Asphaltstraße überquert werden, dann geht es jedoch auf einem Kiesweg weiter in den Wald und nach einer Rechtskurve leicht bergauf. Bei der T-Kreuzung gilt es Acht zu geben: Hier musst du links auf den Waldweg abbiegen, auch wenn es so aussieht, als würde der Weg rechts weitergehen. Wenig später, bei den Treppen wird es etwas schwierig. Also entweder den Kinderwagen tragen oder vorsichtig neben den Treppen auf den Hinterrädern hinunterfahren, wenn es der Pfad zulässt.

Bei der Leiblach angekommen entweder geradeaus über den Lochersteg nach Österreich und in ca. 5 min zum Gasthof Bad Diezlings (mit Kneippbecken zum Füße verwöhnen) oder vorher rechts abbiegen und den Wegweisern zurück Richtung Bösenreutin folgen (siehe Skizze). Von der Asphaltstraße links in den bekannten Weg in den Wald abbiegen und zurück zum AP.

VI. Raum Lindau und Bodenseeregion

38. Streitelsfingener Obstplantagen

bei Lindau (465 m)

je

Ein ruhiger Spaziergang durch die Lindauer Obstplantagen mit tollem Blick auf den Bodensee und die österreichischen Berge. Der Biergarten beim Montfort Schlössle zum Ende der Wanderung hin bietet Ziegen für die Kleinen und einen romantisch-kitschigen Panoramablick. Jedoch bezahlt man hier die Lage. Besonders zu empfehlen ist dieser Weg im Frühjahr zur Obstblüte. Das ist ein echter Hingucker. Auf alle Fälle den kurzen Abstecher auf den Jakobusweg wagen (siehe Skizze). Er bietet einen wunderschönen Blick auf den Bodensee, die Berge und am Ende stehen zwei Bänke, die zum Picknicken und Verweilen einladen.

Wetter: ☀ ❄ ☂ ○   Anforderung: ●   Dauer: 1 1/4 h

Anforderung:	Leicht; unmerkliche Steigung; durchgehend Asphaltstraße, Feldweg beim Abstecher.
Dauer:	ca. 1 1/4 h; 3,7 km (einfacher Weg mit Abstecher); 60 Hm.
Wetter:	Bei jedem Wetter geeignet (geschützt durch die Obstplantagen und Wald am Straßenrand).

Wanderwert für Kinder:

2–3 Jahre:	Nur mit Buggy.
4–6 Jahre:	Wenn der Weg durch die Obstplantagen mehrmals im Jahr begangen (oder mit dem Rad befahren) wird, können Kinder die Entwicklung von der Blüte bis zum reifen Obst mitverfolgen.
Kinderfahrrad:	Ideal für Räder aller Art, wenig Autoverkehr.

Anfahrt: Von Lindau kommend Richtung Bösenreutin fahren – in Bösenreutin links nach Tobel abbiegen – durch Tobel durchfahren und links auf die Tobelstraße abbiegen Richtung Weißensberg – links vor dem gelben Schild Richtung Streitelsfingen gegenüber dem Wald sind Parkplätze. (Navi: D-88131 Lindau am Bodensee, Streitelsfingerstraße)

Ausgangspunkt: Kostenfreier Parkplatz am Waldrand bei Weißensberg.

Infos/Gaststätten: *Landhotel und Gasthof „Montfort-Schlössle“, toller Biergarten mit schönem Blick auf den Bodensee und die Berge (man zahlt die Lage), Ziegengehege, Tel. +49-8382-72811, geöff. v. April – Okt., www.montfort-schloessle.de, Ruhetage: Mo, Di.

Wegbeschreibung:

Vom AP Richtung Streitelsfingen gehen. Auf dieser Straße bleiben, denn sie führt direkt nach Streitelsfingen – und die Aussicht genießen! Hinter dem Parkplatz des Montfort Schlössle rechts auf den kleinen Asphaltweg den Berg hinab. An dessen Ende dann links wieder hinauf und nach der Kurve rechts abbiegen und für ein kurzes Stück auf den Pfaden des Jakobusweges wandeln und den Blick auf sich wirken lassen. Dann entspannt zurück laufen, rechts die Asphaltstraße hoch und wieder zurück zum Auto.

39. RW Lindauer Waldlehrpfad

bei Lindau (570 m)

je

Der Waldlehrpfad in Lindau ist eine empfehlenswerte Runde im Hochsommer, da der schöne Wald Kühle und Schatten spendet. Es gibt interessante und abenteuerliche Stationen zum Thema Waldtiere und Bäume, sowie einen tollen Spielplatz mit liebevoll gestalteten Holztieren, einer Schiffsschaukel und Picknickhütten. Es empfiehlt sich aber, die Hütte des Lauftreffs zu verwenden, da die andere von einem riesigen Ameisenhaufen eingenommen ist. Aufgrund der Wegbeschaffenheit müssen KinderwagenschieberInnen etwas von der Originalrunde abweichen (s. Wegbeschreibung). Dies bedeutet aber nur einen geringfügigen Stationenverlust. Dieser Weg ist einfach eine schöne Walderlebnisrunde für Jung und Alt.

Wetter: Anforderung: Dauer: 11/2 h

Anforderung:	Leicht bis mittel; eben; fester Waldkiesweg und Waldpfad, teils wurzelig.
Dauer:	RW ca. 1 1/2 h (mit Nutzung des Waldangebots); 1 km.
Wetter:	Klass. Wanderwetter, auch bei leichtem Regen geeignet, wenn er nicht zu lange andauert, sonst könnte es etwas matschig werden.

Wanderwert für Kinder:

2–3 Jahre:	Schöner Wald, der zum Spielen, Herumtollen und Entdecken einlädt; süßer Waldspielplatz mit tollen Holztieren zum Herumkraxeln.
4–6 Jahre:	Siehe unter 2-3 Jahre; Infotafeln mit lustigen und interessanten Fragen und Aufgaben.
Kinderfahrrad:	Bedingt geeignet (teils ist der Weg über kurze Strecken sehr wurzelig oder schmal).

Anfahrt: Von der Autobahn 96 Richtung Lindau die Abfahrt Sigmarszell nehmen – rechts auf die Bundesstraße 308 Richtung Lindau fahren – rechts Richtung Lindau abbiegen und gleich wieder rechts – geradeaus über den Kreisverkehr und gleich dahinter links in den Wald fahren – zweimal dem rechten Weg zum Parkplatz gegenüber dem Infoschild und Startpunkt parken. (Navi: D-88131 Lindau, Kemptenerstr.)

Ausgangspunkt: Kostenfreier Waldlehrpfad-Parkplatz im Wald.

Infos/Gaststätten: Keine Gasthöfe auf der Strecke, aber tolle Picknickhütte beim großen Spielplatz, also Verpflegung mitnehmen.

Wegbeschreibung:

Prinzipiell ist der Weg sehr gut ausgeschildert. Man folgt dem Holzpfeil mit dem bunten Specht drauf. Leider ist aber nicht der ganze Waldlehrpfad (würde nur zu zweit im Sänftenstil funktionieren) aufgrund der Wegbeschaffenheit und schmalen Holzbrücken (nur mit sehr schmalen Kinderwägen befahrbar) über sumpfige Stellen mit dem Kinderwagen möglich. Deshalb haben wir eine eigene Variante erstellt, die gut befahrbar ist.

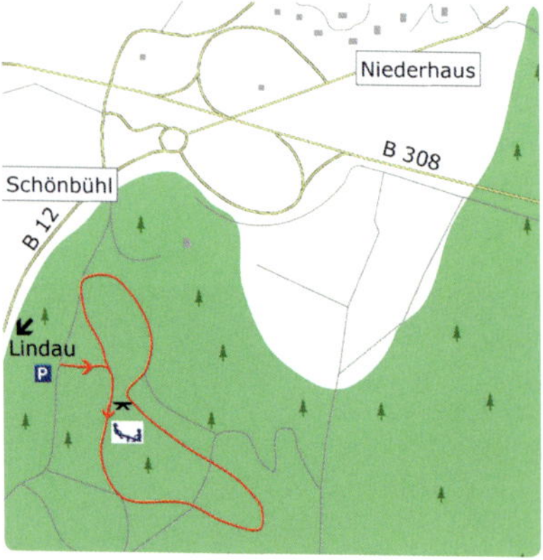

Den Weg gegenüber vom Parkplatz in den Wald entlanglaufen (hier steht auch links die Infotafel und eine Wegübersicht). So erreichst du den Waldspielplatz und die Picknickstelle. Anschließend links und dann rechts in den Wald abbiegen. Achtung: Jetzt kommt gleich die Abweichung vom Spechtpfeil. Die erste kleine Holzbrücke kann man noch gut umfahren. Bei der Zweiten ist das nicht mehr möglich. Deshalb vor oder nach der ersten Brücke rechts auf den schmalen Waldpfad den Hang hinauf abbiegen. Er führt zu einem breiten und gut befestigten Waldschotterweg. Diesem linker Hand folgen. Anschließend geradeaus auf den Originalweg weitergehen (nicht dem breiten Weg folgen) und wieder den Spechtpfeilen nach. Sie führen dich dann wieder zum Spielplatz und von dort zurück zum Ausgangspunkt.

40. RW Lindau Insel

(396 m)

je

Die Insel Lindau mit Blick über den Bodensee und in die Österreichischen Berge vermittelt definitiv ein Urlaubsfeeling.

Das fantastische Bergpanorama erfreut das Auge und auch abends bietet dieser Weg ein Meer von Lichtern auf der anderen Seeseite. Obwohl die Insel sehr bekannt und natürlich auch mit dem Kinderwagen begehbar ist, wollten wir sie als Idee für einen gemütlichen Ausflug oder Regentag nicht auslassen und haben eine kindergerechte Runde zusammengestellt. Sie führt zu schönen Plätzen und Ausblicken, vorbei an einem netten Spiel- und Bolzplatz, von dort führen Treppen in den See, die zum Plantschen einladen. Der kleine Blumengarten neben der Europabrücke erfreut das Gärtnerherz. Wer ein bisschen mehr Altstadtflair haben will, biegt einfach Richtung Inselmitte ab und bummelt durch die Fußgängerzone, jedoch ist das Kopfsteinpflaster für Kinderwagen-SchieberInnen hier etwas beschwerlich. Auch eine Bootstour bietet sich bei dieser Runde an.

Wetter:  Anforderung:  Dauer: 45 min

Anforderung:	Leicht; eben geht es auf Asphaltstraße, einem kurzen Stück Kopfsteinpflaster und Kiesweg dahin.
Dauer:	RW ca. 3/4 h; 3 km.
Wetter:	Klassisches Wanderwetter, auch bei Regen geeignet.

Wanderwert für Kinder:

2–3 Jahre:	Schöner Spielplatz; kleiner Hafen; Bodensee mit Plantschmöglichkeit; schöner Blumengarten; Bolzplatz; Leuchtturm und Bayernlöwe am Hafen.
4–6 Jahre:	Siehe unter 2-3 Jahre; Tretbootfahren.
Kinderfahrrad:	Aufgrund des Kopfsteinpflasters und des Verkehrs (viele Fußgänger und auch manchmal Autos) nur bedingt geeignet.

Anfahrt: Von der Autobahn 96 kommend die Ausfahrt Lindau nehmen – geradeaus über den Kreisverkehr fahren und auf der Straße bleiben – am nächsten Kreisverkehr die vierte Ausfahrt Richtung Lindau Insel nehmen – an der Ampel links über die Bahngleise abbiegen – am nächsten Kreisverkehr die zweite Abfahrt auf den Parkplatz nehmen. (Navi: D-88131 Lindau am Bodensee, Europaplatz)

Ausgangspunk: Gebührenpflichtiger Parkplatz vor der Lindauer Insel. Oberstaufen / Weissach; gebührenfreier Wanderparkplatz,gegenüber der Enzianhütte.

Infos/Gaststätten: *Überall auf der Insel begegnet man guten Lokalen. Einfach der Nase nach; *Schiffsbetrieb Wiehrer, www.ma-bayern.de (Rundfahrten beim Casino).

Wegbeschreibung:

Gehe vor bis zum Kreisverkehr und über die Brücke auf die Insel. Dort angekommen geht es links um das Casino herum. Bevor der Weg eine Rechtskurve macht und zwischen den Häusern verschwindet, rechts die Auffahrt hinauf. Anschließend die Erhöhung wieder hinunter bis zur Stadtmauer, dort links abbiegen und links der Fischergasse folgen (hier wartet das kleine Stück Kopfsteinpflaster). Bei einer kleinen Eisdiele auf der linken Seite führt eine versteckte Gasse unter den Häusern entlang zum Wasser

und zur Gerberschanze. Hier geht es dann rechts am Wasser weiter. Am Ende des Hafens wieder rechts und die Straße links zum großen Hafen entlang. Lasse den Hafen hinter dir (außer, du möchtest noch einen kleinen Abstecher zum Leuchtturm oder Bayernlöwen machen) und folge nun einfach dem Weg linker Hand am Wasser entlang. Er führt dich einmal um den hinteren Teil der Insel. Dort gibt es auch einen schönen Seezugang mit Insel. Um die Treppen am Ende des großen Parkplatzes zu umgehen, musst du dich leicht rechts halten, um anschließend auf einen Pfad zu gelangen, der dich auf die Brücke über die Bahngleise führt. An dessen Ende links zum Bolz- und Spielplatz abbiegen (beim Pilzkiosk). Vom Spielplatz rechts auf dem Weg am Wasser entlang zurück zur Brücke und zum Ausgangspunkt laufen.

41. Von Lindau nach Wasserburg

ein schöner Weg am Bodensee (407 m)

je

Dieser Weg führt dich teilweise direkt am Bodensee entlang oder ein paar Meter versetzt, durch schöne Parklandschaften und kleine Weingärten zum Weinort Wasserburg. Hier gibt es einen tollen Spielplatz direkt am See, der auch Bänke zum Picknicken anbietet. Ansonsten empfehlen wir das schnuckelige Café „Zum Eulenspiegel". Ein sehr netter Abschluss der Wanderung ist auch der Besuch des Seebads Lindenhof (s. Infos) oder der großen Wiese im Lindenhofpark mit Treppen in den Bodensee.

Wetter: Anforderung: Dauer: 1 1/2 h

Anforderung:	Leicht; ebene Asphaltstraße bzw. gut befahrbarer Kiesweg.
Dauer:	Ca. ¾ h; 2,7 km (eine Strecke).
Wetter:	Klass. Wanderwetter.

Wanderwert für Kinder:

2–3 Jahre:	Toller, großer Spielplatz in Wasserburg; Seebad beim Parkplatz; Lindenhofpark lädt zum Entdecken und Baden im See ein.
4–6 Jahre:	Siehe unter 2–3 Jahre.
Kinderfahrrad:	Gut geeignet; in Wasserburg jedoch zum Teil auf Gehsteigen.

Anfahrt: Von der Autobahn 96 Richtung Lindau kommend – die Ausfahrt Lindau nehmen – über den ersten Kreisverkehr geradeaus und den Schildern Richtung Insel folgen – an der Ampel nicht links Richtung Insel abbiegen – sondern geradeaus fahren – wieder über den Kreisverkehr fahren – auf der Straße bleiben (Wackerstraße, wird zur Schachener Straße) – links in den Lindenhofweg abbiegen und dort parken. (Navi: D-88131 Lindau a.B., Lindenhofweg 41)

Ausgangspunkt: Kostenpflichtiger Parkplatz beim Seebad Lindenhofpark (von Oktober bis März kostenfrei).

Infos/Gaststätten: *Zum Eulenspiegel, kleine, aber feine und sehr leckere Speisekarte, süßer Bioladen und kleiner, gemütlicher Biergarten, Tel. +49-8382-9896452, www.eulenspielge-wasserburg.de, Ruhetage: Mo, Di (Mi bis Fr erst ab 18:00 Uhr geöffnet). *Seebad Lindenhof, mit Restaurant, Kiosk, Beachvolleyballfeld und öffentlichen Sanitäranlagen, Tel. +49-8382-6637, geöffnet von Mai bis September.

Aus der Wandertrickkiste:
Kleine Honig-Gummi-Bärchen auf der Wegstrecke verstecken (die hat natürlich die Wanderfee für die fleißigen Füßchen ausgelegt)

Wegbeschreibung:
Vom Ausgangspunkt der ansteigenden Asphaltstraße folgen und dann links den Schildern Richtung Wasserburg nach. Beim grünen Infoschild, rechts der Jakobsmuschel folgen und dann wieder an den Schildern Richtung Wasserburg orientieren. An der Abzweigung bei den Weintraubenplantagen mit der roten Bank und dem Marterl auf dem linken Weg bleiben. An der nächsten Abzweigung diesmal rechts und dann geht es linker Hand weiter nach Wasserburg. Dort folgst du beim Carport des Gästehauses „Zürn" dem Bachweg, der dich zum „Café Eulenspiegel" führt. Davor linker Hand zum Ortskern von Wasserburg. Dort ist der Spielplatz ausgeschildert. Nach einer Spielpause links den Schildern Richtung Lindau folgen. Du gelangst so auf dem Weg, auf den du gekommen bist und kannst ihm zurück zum Ausgangspunkt folgen (an den Schildern Richtung Lindau/Lindau Insel orientieren).

42. RW Antoniuskapelle bei Wasserburg

Durch die Obstbäume am Bodensee (465 m)

da

Einen wunderschönen Ausblick auf den Bodensee mit Bergkulisse bietet die malerisch gelegene Antoniuskapelle. Eingebettet in die typische Obstbaumlandschaft steht sie auf einer leichten Anhöhe. Dieser Ort ist ein beliebtes Ausflugsziel und lädt mit seinen Bänken zum Verweilen ein. Wir haben eine sehr kurze Runde mit schöner Aussicht ausgewählt, damit mehr Zeit bleibt, den Blick zu genießen.

Wetter:	Anforderung:	Dauer: 1/2 h

Anforderung:	Leicht; leichte Steigungen; kurzes Stück Asphaltstraße, hauptsächlich Kiesweg, kurzes gut befahrbares Wiesenstück und Waldweg.
Dauer:	1/2 h; 1,7 km (eine Strecke).
Wetter:	Klass. Wanderwetter.

Wanderwert für Kinder:

2–3 Jahre:	Keine Kinderattraktionen am Weg.
4–6 Jahre:	Aufgrund der Kürze geeignet zum Mitlaufen.
Kinderfahrrad:	Nicht geeignet.

Anfahrt: Über die Autobahn 96 Ausfahrt Lindau kommend – am Kreisverkehr die dritte Ausfahrt nehmen – beim Kreisverkehr am Lindaupark die vierte Ausfahrt nehmen – beim nächsten Kreisverkehr die zweite Ausfahrt (Wackerstraße) abfahren – rechts in Richtung Wasserburg abbiegen – vor dem Bahnhof Wasserburg links in die Bahnhofstraße einbiegen – durch Hattnau hindurch nach Selmnau.
(Navi: D-88142 Wasserburg, Selmnau 32)

Ausgangspunkt: In Selmnau, z.B. in der Nähe Selmnau 32 nicht behindernd parken (leider kein ausgewiesener P vorhanden).

Infos/Gaststätten: *Gartenwirtschaft Adler in Wasserburg, schattiger Biergarten, Tel. +49-8382-888239, www.adler-hattnau.de.

Aus der Wandertrickkiste:
Herzsteine suchen – Steine, die am Weg liegen, haben oft ganz tolle Formen. Herzsteine sind häufig zu finden. Die Kinder können sich auch weitere Formen einfallen lassen, die sie in den Steinen erkennen.

Wegbeschreibung:
Mit Blick auf Haus 32 links gehen zum nächsten Feldweg. Dem Weg Richtung Kressbronn folgen. Beim nächsten Wegweiser in Richtung Oberreitnau weiter. Dann gleich links in den Feldweg abbiegen, es geht leicht den Berg hinauf. Oben biegst du vor dem Wald links ab. Hier ist ein sensationelles Panorama auf Berg, See und Kapelle. Vor dem Wald wieder links am Rande der Obstbäume die Wiesenwege entlang. Beim Schuppen geht ein ganz kurzes Stück Waldweg weiter, der links in Richtung Kapelle zurückführt. Halte dich jetzt an die Wegweiser zur Antoniuskapelle und gehe links zur Kapelle hinauf. Der Weg an der Kapelle vorbei hinab über den Kiesweg führt zum Auto zurück.

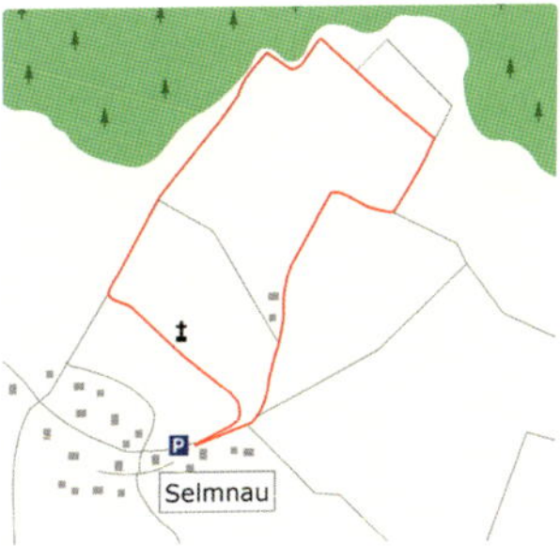

43. Hopfenpfad Tettnang
(554 m)

je

Der Hopfenpfad bei Tettnang ist ein kinderfreundlicher und gemütlicher Lehrpfad durch das wunderschöne Hinterland der Bodenseeregion. Es gibt zum Weg sowohl Informationstafeln für Erwachsene als auch für Kinder, die mit Hilfe der zwei Maskottchen Humulus und Lupulus sehr anschaulich und kindgerecht gestaltet sind. Außerdem befindet sich eine Panoramaplattform mit tollem Blick über die Region auf dem Weg. Höhepunkt ist natürlich das Hopfenmuseum am Ende des Pfades, das man unbedingt besuchen sollte. Es bietet auch ein nettes Kinderprogramm an, über das man sich vorweg auf der Website informieren kann (s. Infos). Auch die Einkehrmöglichkeit, die zum Museum gehört, ist sehr kinderfreundlich und bietet ein uriges Ambiente.

Wetter: ○ Anforderung: ● Dauer: 1 1/2 h

Anforderung:	Leicht; nur leichte Steigungen; Asphaltstraße u. fester Kiesweg.
Dauer:	Ca. 1 1/2 h; 4 km eine Strecke; 60 Hm.
Wetter:	Klass. Wanderwetter.

Wanderwert für Kinder:

2–3 Jahre:	Für Lauffreudige oder WagerlsitzerInnen definitiv geeignet; schön gestaltetes Hopfenmuseum.
4–6 Jahre:	Siehe unter 2-3 Jahre; nicht nur die Schilder (mit aktiven Aufgaben und Wissensfragen), auch die Region an sich (Hopfen- und Obstplantagen) bietet viel zum Erfahren, Erkunden, Lernen und Entdecken.
Kinderfahrrad:	Bedingt geeignet trotz überwiegender Asphaltstraße (es kommt öfters vor, dass auf den Straßen Autos fahren).

Anfahrt: Von Lindau kommend der Bundesstraße 31 Richtung Friedrichshafen folgen – bei Kressbronn rechts auf die Bundesstraße 467 Richtung Tettnang – rechts Richtung Tettnang (Lindauer Straße) – an der Ampel rechts Richtung Wangen (Wangener Straße) – 3. links in den Hofbrunnenweg – am Ende links und dann gleich wieder rechts in die Säntisstraße – wieder rechts in den Meistersteig – links, kurz vor dem Ortsschild befindet sich der Parkplatz. (Navi: D-88069 Tettnang, Meistersteig 35)

Ausgangspunkt: Kostenfreier Wanderparkplatz in Tettnang.

Infos/Gaststätten: *Hopfen-Museum und -Gaststätte, gutes Essen mit tollem Kässpätzletopf für die ganze Familie, Wickeltisch, uriges Ambiente, Museum bietet Kinderprogramm an, Tel. +49-7542-952206, geöffnet 1. Mai bis 31. Oktober, www.hopfenmuseum-tettnang.de, Ruhetag: Mo.

Aus der Wandertrickkiste:
Landart: Alle paar hundert Meter ein kleines Kunstwerk aus Tannenzapfen, Zweigen formen.

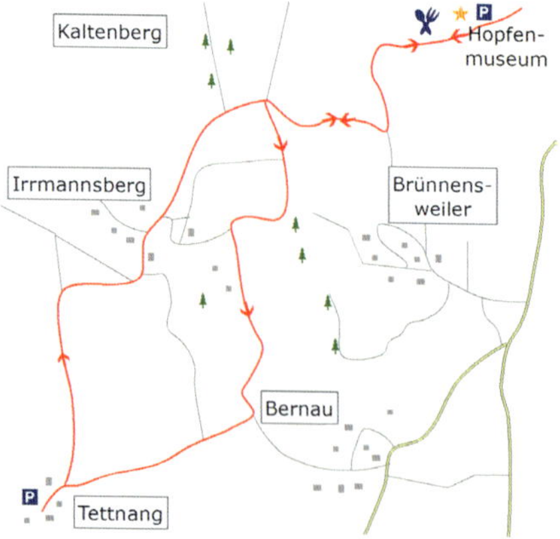

Wegbeschreibung:
Vom Ausgangspunkt den kleinen Hopfenpfad-Schildern mit der orangen Raute folgen bzw. sich an den Infotafeln zum Pfad am Wegrand orientieren. Da dieser Weg wirklich sehr gut ausgeschildert ist, ist eine genauere Ausführung nicht nötig. Für den Rückweg haben wir jedoch zwecks der Abwechslung eine kleine Alternativroute gewählt. Wer jedoch die Infotafeln auf ein Neues studieren will, kann denselben Weg zurückgehen.

Alternativroute: Nach dem Aussichtspunkt beim Masten links abbiegen. Am Ende der Asphaltstraße rechts bis zum AP laufen.

44. Von Lindau nach Bregenz

am Bodensee (407 m)

Diese Wanderung führt direkt entlang des schönen Bodensees von Lindau nach Bregenz und hat einiges zu bieten. Achtung! Die Strecke ist eine unserer Längsten. Deshalb unbedingt genügend Verpflegung mitnehmen. Es gibt eine Einkehrmöglichkeit in der Mitte und hier könnte man auch mit dem Bus (Zech) zurück zum Ausgangspunkt fahren. Es gibt auf dem Weg tolle Spielplätze, einen fantastischen Blick, Trimmdichpfad und Wiesen zum Bolzen und Faulenzen, schöne Alleen, Parklandschaften und natürlich den herrlichen Bodensee, der vor allem im Sommer immer wieder zum Abkühlen und Treibholzsammeln einlädt. Auch das Erlebnis Grenzüberschreitung ist vor allem für die Kleineren aufregend. Den Rückweg empfehlen wir mit dem Zug oder dem Schiff (echtes Zuckerl). Vorher jedoch erkundigen, ob und wann die Schiffe (www.bsb-online.com) bzw. Züge fahren (www.oebb.at).

Wetter: Anforderung: Dauer: 3 1/2 h

Anforderung:	Leicht; rel. eben; überwiegend Asphaltstraße und feste Kieswege, Kopfsteinpflaster in Lindau.
Dauer:	ca. 3 1/2 h, 11 km (vom Lindauer Hafen zum Bregenzer Hafen); 21 Hm; zurück mit Zug oder Schiff.
Wetter:	Klass. Wanderwetter.

Wanderwert für Kinder:

2–3 Jahre:	Nur für Wanderbegeisterte und KinderwagensitzerInnen geeignet; auf alle Fälle aufgrund der Länge Buggy mitnehmen; wenn Spielplätze und Bolzwiesen benutzt werden, mehr Zeit für die Wanderung einplanen und Verpflegung nicht vergessen; also gut überlegen, ob diese Wanderung geeignet ist. Ein attraktiver Teilausschnitt (Wäser Ufer) ist in den Zusatztipps beschrieben.
4–6 Jahre:	Aufgrund der Länge nur für Fleißige und Lauffreudige und nur mit „Gehhilfen" (Rollrad, Rad ... s.u.) geeignet; siehe auch unter 2-3 Jahre.
Kinderfahrrad:	Gut geeignet (aber Länge der Wanderung berücksichtigen).

Anfahrt: Von der Autobahn 96 kommend die Ausfahrt Lindau nehmen – geradeaus über den Kreisverkehr fahren und auf der Straße bleiben – am nächsten Kreisverkehr die vierte Ausfahrt Richtung Lindau Insel nehmen – an der Ampel links über die Bahngleise abbiegen – am nächsten Kreisverkehr die zweite Abfahrt auf den Parkplatz nehmen. (Navi: D-88131 Lindau am Bodensee, Europaplatz)

Ausgangspunkt: Gebührenpflichtiger Parkplatz vor der Lindauer Insel.

Infos/Gaststätten: *Strandhaus Lindau, liegt am Campingplatz, nette Urlaubsatmosphäre, familien- und kinderfreundlich, Kinderkarte, gehobene Speisekarte, Wickelmöglichkeit gegenüber bei der Campingrezeption, geöffnet Mitte März bis Ende November, Tel. +49-8382-2737992, www.strandhaus.li. *Ghf. Kornmesser, leckere Speisekarte und schönes Ambiente, Wickeln ist auf Anfrage im ersten Stock in der Herrentoilette möglich (auf Steinsims), Tel. +43-5574-54854, www.kornmesser.at, Ruhetag: Mo.

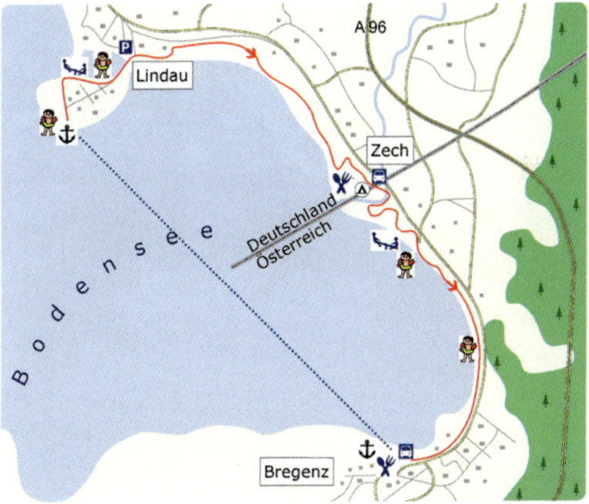

Wegbeschreibung:
Überquere den Kreisverkehr und biege beim Toilettenhäuschen rechts auf den Weg zum Wasser ab. Der Toskanapark bietet eine angenehme Atmosphäre. Anschließend geht es links Richtung Hauptstraße (dort rechts). Vor den Bahngleisen einfach wieder rechts. Nach kurzer Zeit kannst du auf den Wanderweg neben der Asphaltstraße ausweichen. An dessen Ende bitte nochmals rechts Richtung Eichwaldbad. Hinter dem Parkplatz vom Strandbad führt ein Wanderweg (Richtung Bregenz) direkt am Wasser entlang. Vor dem Campingplatz (achte auf das Infoschild, das dir sagt, dass der Campingplatzdurchgang während der Saison gesperrt ist) verläuft der Weg links an einem kleinen Weiher entlang. Er führt auf eine Asphaltstraße (Fraunhoferstraße). Dort läuft man in einer galanten Drehung rechter Hand weiter bis zum Grenzübergang. In Österreich wird der Weg einfach. Nach der Grenze rechts und dann auf dem Weg entlang des Bodensees bis nach Bregenz. Im Zweifelsfall einfach an den Wegweiserschildern

Richtung Bregenz orientieren. Am Ziel, dem Hafen von Bregenz, bzw. Bahnhof angekommen, kannst du mit dem Verkehrsmittel deiner Wahl nach Lindau zurückfahren. Dort angekommen führt dich die Straße vor dem Bahnhof weg vom Hafen. Am großen Parkplatz gegenüber dem Turm (wenn du Glück hast, siehst du den Rapunzelzopf) läuft man links Richtung Bahngleise. Dort führt ein Weg direkt an diesen entlang. Nachdem du unter der Brücke durchgegangen bist, verläuft eine weitere Bahn-/Fußgängerbrücke von der Insel. Davor jedoch nach rechts schwenken, vorbei am Spielplatz, entlang des Wassers bis zur Autobrücke und zum Ausgangspunkt.

VII. Bodensee / Vorarlberg

45. Bodensee Panoramablick

bei Möggers (940 m)

da

Vom Dörfchen Möggers geht es über Wiesen und durch Wälder entlang einer Forststraße, bis sich der Blick auf Bodensee und Berge öffnet. Unser Ziel, die Jausenstation – Fesslerhof Metzgerei ist nur für Sportliche durch einen letzten, ziemlich steilen Anstieg zu erreichen (wir empfehlen, hier das Kind ins Tragetuch zu setzen). Wem das zu mühsam ist, der kann bei Mühlenhof den Panoramablick zum Bodensee genießen, umkehren und gemütlich im Riedstüble einkehren.

Wetter: Anforderung: Dauer: 11/4 h

Anforderung: Mittel bis schwer; Gefälle zum Riedstüble; sehr steiler Anstieg auf gutem Forstweg zur Jausenstation (evtl. mit Tragetuch besser zu bewältigen); Feld- und Forstwege.

Dauer: 1 1/4 h; 3 km (eine Strecke); 200 Hm.

Wetter: Klass. Wanderwetter.

Wanderwert für Kinder:

2–3 Jahre:	Kühe auf den Weiden; Wasserlauf bei Ried (Riedbach); Pferdekutsche kann gebucht werden.
4–6 Jahre:	Siehe unter 2-3 Jahre.
Kinderfahrrad:	Nicht geeignet.

Anfahrt: Von Scheidegg kommend Richtung Bregenz fahren – bei Weienried links Richtung Möggers abbiegen – den Ort Möggers einmal durchqueren und zum Parkplatz P3. (Navi: A-6900 Möggers, Dorf)

Ausgangspunkt: Möggers, kostenpflichtiger Parkplatz P3.

Infos/Gaststätten: *Jausenstation-Fesslerhof Metzgerei, Sonnenterrasse mit Blick auf den Bodensee und kleiner Spielgelegenheit, serviert feine Metzger-Spezialitäten, Öffnungszeiten: 1. Mai bis 31. Oktober auch an Sonn- und Feiertagen offen, Ruhetage: Mo, Do, www.eichenberg-bodensee.de unter Gemeinde / unsere Betriebe Tel. +43-5573-84581. *Riedstüble, bodenständige Küche und österreichische Spezialitäten, Terrasse, Kinderspielplatz, Tel. +43 5573-82979, www.riedstueble.at, Ruhetag: Mo. *Kutschfahrten mit Zwischenstopp im Riedstüble, Josef Achberg, Tel. +49-8381-2161 oder Othmar Fetz, Tel. +43-5574-44162.

Aus der Wandertrickkiste:
Die Kinder geben ein Tier vor und dann bewegen sich alle wie dieses Tier fort (z.B. stampfend wie ein Elefant, Törö oder einen Rüssel machend).

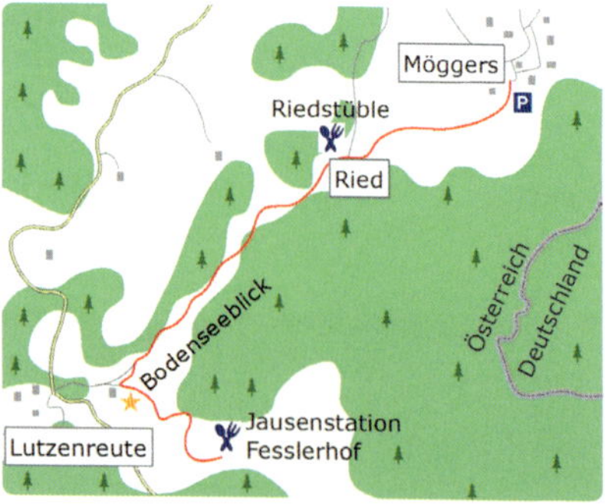

Wegbeschreibung:
Unterhalb des Parkplatzes P3 führt ein ausgeschilderter Schotterweg in Richtung Ried. Folge unten angekommen links der Beschilderung nach Lutzenreute. Es geht vorbei am Riedstüble in den Wald hinein und schon bald öffnet sich der Blick in Richtung Schweizer Berge. Beim Mühlhof gibt es einen tollen Blick auf den Bodensee inklusive Bergblick. Folge links dem steilen Anstieg in Richtung Schlüssellehen. Es wird anstrengend mit dem Kinderwagen. Endstation der Route ist entweder die Jausenstation Fesslerhof, oder aber du setzt dich zur Belohnung auf eine der Panoramabänke und genießt den Ausblick auf See und Berge.

Zum Ausmalen

46. Leichter Panoramahöhenweg

über den Pfänderrücken zum Hochberg, bei Bregenz (1.050 m)

da

Ein wunderbarer Höhenweg auf einfacher Asphaltstraße, eine Pause bei der sehr guten Jausenstation mit hausgemachten Spezialitäten in Jungholz lohnt sich. Hier erwartet uns eine zünftige Brotzeit. Wer gerne etwas Käse mit nach Hause nehmen möchte, der kann auf dem weiteren Weg entlang der „Käsestraße" Spezialitäten der Käserei Jungholz einkaufen oder bei der Käserei in Hinteregg den Käseautomaten nutzen. Der Hochberg-„Gipfel" selbst ist nicht sehr spektakulär und befindet sich auf einer Weide. Er ist mit dem Kinderwagen schwer zugänglich. Auch im Winter ist die Strecke bis kurz vor den Kreuzberg mit Kinderwagen begehbar. Aber Achtung, es könnte glatt auf der Straße sein.

Wetter: Anforderung: Dauer: 1 1/2 h

Anforderung:	Mittel; leichte Steigungen; 80% des Weges asphaltiert; wenig befahren; Endstück zum Hochberg hin Schotterweg und Wiese.
Dauer:	1,5 h; 4,5 km (eine Strecke); 150 Hm.
Wetter:	Klass. Wanderwetter; auch als Winterwanderung geeignet.

Wanderwert für Kinder:

2–3 Jahre:	Kühe auf den Weiden.
4–6 Jahre:	Siehe unter 2-3 Jahre; Käserei in Hinteregg.
Kinderfahrrad:	Geeignet, leichte Gefälle müssen jedoch beherrscht werden, evtl. könnte mal ein Auto kommen.

Anfahrt: Autobahngebührfrei: von Deutschland kommend (A96) Abfahrt Lindau – in Bregenzer Straße links abbiegen – Grenze Deutschland/Österreich – rechts halten und der Seestraße folgen – im Kreisverkehr dritte Ausfahrt Bahnhofstraße folgen – links der Bahnhofstraße folgen und dann rechts abbiegen auf die Landstraße – die nächste Straße links auf die Pfänderstraße abbiegen – dieser Straße folgen über Am Vögel, Buchenberg und Fühlen bis zum Pfänderparkplatz Moosegg.
Autobahn gebührenpflichtig (aber schneller): von Deutschland kommend (A96) auf der Autobahn über die Grenze Deutschland/Österreich (A14) – Ausfahrt Hörbranz in Richtung Lochau – links abbiegen in Hofriedenstraße – in Lochau links abbiegen in Pfänderstraße – dieser Straße folgen über Am Vögel, Buchenberg und Fühlen bis zum Pfänderparkplatz Moosegg. (Navi: A-6555 Lochau, Moosegg)

Ausgangspunkt: Pfänderparkplatz Moosegg (gebührenpflichtig).

Infos/Gaststätten: *Einkaufmöglichkeiten bei der Käserei Jungholz in Hinteregg, Käseautomat. *Jausenstation in Jungholz, Bierbänke in der Sonne, gute hausgemachte Brotzeit, geöff. 10-18 h, Ruhetage: Mi, Do.

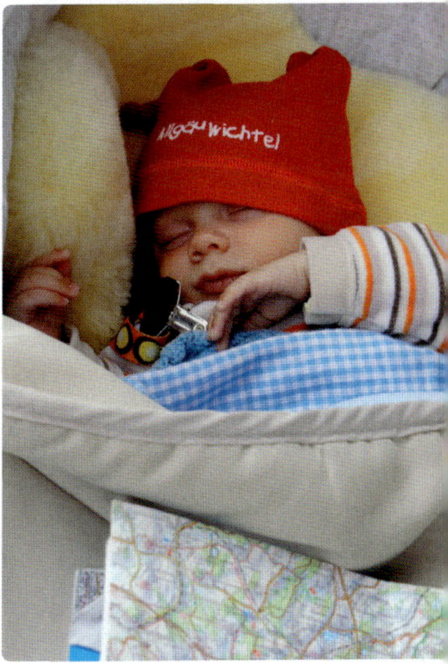

Wegbeschreibung:
Vom Parkplatz Moosegg rechts den Schildern in Richtung Jungholz folgen und weiter nach Hinteregg.
Der asphaltierten „Käsestraße" weiter folgen bis zum Abzweig rechts in Richtung Hochberg. Vorbei an der Kapelle geht es nun auf dem linken Weg zum Hochberg weiter. Das Gipfelkreuz ist nun schon sichtbar. Die letzten 100 Meter können allerdings nicht mit dem Kinderwagen gefahren werden, da der Weidezaun den Weg versperrt.

47. Auf den Hirschberg

bei Jungholz (1045 m)

je

Diese Tour ist ideal im Hochsommer, weil die lange Waldstrecke kühlenden Schatten spendet. Zudem ist es ein fantastisches Gefühl mit dem Kinderwagen auf den Berg zu kommen. Es geht zwar stetig bergauf, aber die Steigungen lassen sich gut bewältigen. Belohnt wird man mit einem tollen Blick über die Region und einer leckeren Saftschorle, aus selbstgemachten Säften, auf der Alpe (Achtung: wechselnde Öffnungszeiten, siehe unter Info).

Außerhalb der Alpsaison kann man mit dem Kinderwagen über einen Wiesenweg in ca. 10 Min. bis zum Gipfelkreuz, ansonsten empfehlen wir mit Trage oder Kraxe weiter zur Kapelle und zum Gipfel zugehen. Von dort oben hat man einen herrlichen Ausblick und die Wiesen oder Bänke bei der Kapelle laden zum Picknicken und Verweilen ein.

Wetter:  Anforderung:  Dauer: 45 min

Anforderung: Mittel bis schwer; längere Steigung; gut befahrbarer Schotterwaldweg.

Dauer: 3/4 h; 2,3 km (einfacher Weg); 160 Hm.

Wetter: Klass. Wanderwetter.

Wanderwert für Kinder:

2–3 Jahre:	Wald, Wiesen und Kapelle laden zum Entdecken und Spielen ein.
4–6 Jahre:	Siehe unter 2-3 Jahren.
Kinderfahrrad:	Nicht geeignet.

Anfahrt: Von Memmingen kommend der Autobahn 96 Richtung Lindau folgen – Abfahrt Sigmarszell nehmen – links auf die Bundesstraße 308 Richtung Lindenberg – nach der Senke rechts Richtung Österreich abbiegen – auf der Straße bleiben – links nach Möggers weiterfahren – rechts Richtung Trögen weiter – durch Trögen durch – weiter links halten nach Hinteregg (auch Schildern Richtung Pfänder folgen) – in Jungholz links abbiegen (Wirtatobel / grünes Schild Hirschberg) – an der Abzweigung gegenüber dem Marterl (Kreuz von 1891) am Waldrand parken.
(Navi: A-6932 Langen bei Bregenz, Hirschberg / Wirtatobel)

Ausgangspunk: Neben dem Wanderpfad, am Waldrand gegenüber dem Marterl parken.

Infos/Gaststätten: *Hirschberg Alpe, urige Wirtsleute und Brotzeiten, im Sommer am Wochenende immer geöffnet, unter der Woche muss man Glück haben.

Wegbeschreibung:

Vom AP rechts dem Schotterweg in den Wald folgen. Dann immer den Schildern Hirschberg, bzw. Hirschberg Fahrweg folgen bis zur Alpe. Rück wie Hinweg.

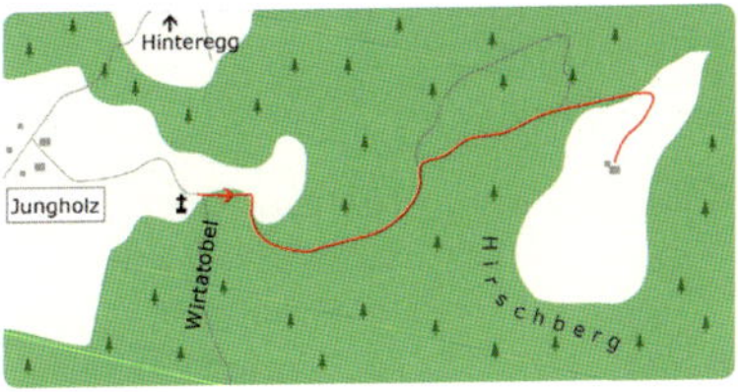

48. Ausflugsziel Pfänder

bei Bregenz (1.064 m)

je

Dieses Ausflugsziel in hochalpiner Umgebung ist fast ein Muss. Mit dem Auto geht es auf ca. 1.000 m Höhe und beim Berghaus bietet sich ein fantastischer Ausblick über den Bodensee, die Berge und die Region. Die Kleinen können sich auf dem Spielplatz austoben. Dort sind auch Bänke, die zur kleinen Jause einladen. Die Steigungen des kleinen Wildparkrundwegs sind zwar mit dem Kinderwagen anstrengend, aber die anschaulichen Informationstafeln und die Tiere bieten jede Menge Möglichkeiten für kleine Verschnaufpausen. Mit etwas Glück lässt sich sogar das Murmeltier sehen. Auch ein Besuch der Adlerwarte mit ihrer beeindruckenden Vorführung ist interessant.

Wetter: Anforderung: Dauer: 10 min

Anforderung: Leicht; größtenteils ebene Asphaltstraße mit kurzen, teils saftigen Steigungen im Alpenwildpark.

Dauer: Ca. 10 min; 1 km (eine Strecke).

Wetter: Klass. Wanderwetter, auch im Winter möglich.

Wanderwert für Kinder:	
2–3 Jahre:	Schöner Spielplatz; zwei Aussichtsplattformen; Wildparkrunde oder Besuch der Adlerwarte bieten sich an.
4–6 Jahre:	Siehe unter 2-3 Jahre.
Kinderfahrrad:	Nicht geeignet.

Anfahrt: Siehe Tour Pfänder Hochberg.

Ausgangspunkt: Siehe Tour Pfänder Hochberg.

Infos/Gaststätten: *„Pfänder Berghaus", Selbstbedienung, tolle Terrasse mit schönem Blick, auch Blick auf Spielplatz möglich, Tel. +43-5574-42184-0, www.pfaender.at/berghaus, geöff. Mai bis Sept. *„Pfänder Alp", gemütlicher Biergarten, gutes Essen, Tel. 0043-5574-46186, www.pfaenderalp.at, Ruhetag: Mi.

Wegbeschreibung:

Vom Ausgangspunkt der Asphaltstraße linker Hand folgen. Sie führt direkt zum Pfänder Berghaus. Im Zweifelsfalle den Schildern folgen. Aufgrund der Einfachheit und der Kürze des Weges haben wir auf eine Karte verzichtet.

49. Sulzberg Panoramahöhenweg

(1.025 m)

da

Diese Tour haben wir ausgewählt, weil sie ideal für einen Ausflug mit den Großeltern ist. Durch die Höhenlage des Dorfes Sulzberg erwartet einen schon am Dorfplatz ein wunderbares Bergpanorama. Der Höhenweg führt entlang des Bergsattels Hochsträß, wo man den Blick in die Allgäuer Berge und den Bregenzer Wald genießen kann. Die Strecke endet in der Einkehr „Hochsträß Stüberl".
Als Verlängerung für Lauffreudige ist die Route zum „Kalten Brunnen" geeignet, ein schattiges Plätzchen mit Spielmöglichkeit, oder man kombiniert die Route mit einem Ausflug zum Wildrosenmoos.

Wetter: Anforderung: Dauer: 1/2 h

Anforderung: Leicht; kaum Steigung; Asphaltstraße. Verlängerung „Kalter Brunnen“: Leicht; Steigungen / Gefälle ab der Grenze; Kiesweg. Verlängerung Wildrosenmoos (siehe Tour Wildrosenmoos).

Dauer: 0,5 h; 1,3 km (eine Strecke). Verlängerung „Kalter Brunnen“: 1 h; 3,4 km (eine Strecke). Verlängerung Wildrosenmoos: RW 2 h; 6 km.

Wetter: Schönwetter; im Winter ist der Weg geräumt, Verlängerung zum „Kalten Brunnen“ wird gewalzt.

Wanderwert für Kinder:

2–3 Jahre:	Kühe am Wegrand, Spielplatz beim Hochsträßstüble. Verlängerung „Kalter Brunnen“: Kurzes Stück entlang des abenteuerlichen Grenzerpfads, Abenteuer Grenzüberschreitung, Spielmöglichkeit beim „Kalten Brunnen“ (Kletternetz, Hütte und Wasserbrunnen).
4–6 Jahre:	Siehe unter 2-3 Jahre.
Kinderfahrrad:	Geeignet.

Anfahrt: B32 nach Heimenkirch rechts halten (auf B32 bleiben), im Kreisverkehr zweite Ausfahrt nach Weiler, in Weiler links auf Schulstraße in Richtung Sulzberg. Öffentliche Parkplätze in Sulzberg an der Kirche.
(Navi: A-6934 Sulzberg, Dorf 351)

Ausgangspunkt: Sulzberg bei der Kirche, öffentliche Parkplätze.

Infos/Gaststätten: *Café Hochsträßstüble, Panorama-Terrasse, schön angelegter kleiner Kinderspielplatz, Tel. +43-5516-2863, Ruhetag: Mo. *Grenzerpfad befindet sich zum Zeitpunkt des Buchdrucks im Entstehen.

Aus der Wandertrickkiste:
Blumen am Wegrand sammeln und einen Kopfschmuck oder Ketten basteln.

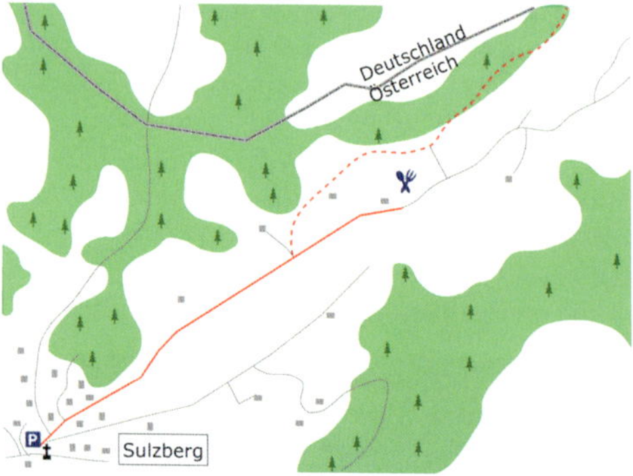

Wegbeschreibung:
Quere am Gasthof Alpenblick die Hauptstraße und gehe in Richtung Oberreute, den leichten Anstieg hinauf, vorbei an der Pension Bilgeri. Nach 20 Minuten Gehzeit ist die Weggabelung erreicht. Rechts siehst du schon die Einkehr Hochsträßstüble.

Verlängerungsvariante „Kalter Brunnen": Immer den Schildern nach Oberreute folgen. An der Weggabelung links halten. Kurz vor der deutschen Grenze ist eine schattige rote Bank zum Pausieren. Wenn du noch Kondition hast, dann gehe weiter bis zum „Kalten Brunnen". Gleicher Rück- wie Hinweg.

Verlängerungsvariante RW Wildrosenmoos: Kurz nach der Weggabelung führt links in den Wald ein Forstweg (Richtung Hinterschweinhöf). Hier der Wegbeschreibung der Tour Wildrosenmoos folgen.

50. RW durch das Wildrosenmoos

bei Sulzberg (1.000 m)

da

Ein guter Platz für eine kleine Pause: Eine Hängematte mitten im Wald.

Auf Waldwegen und Pfaden durch ein landschaftliches Juwel – das ist das Hochmoor „Wildrosenmoos“. Es gibt dort viele seltene Pflanzen und Tierarten. Der Weg ist für Eltern und Kinder abenteuerlich, weil er kein klassischer Kinderwagenweg ist, sondern etwas Geschick erfordert – eine kleine Herausforderung. Die Strecke führt durch wurzelige Waldstücke und geht über eine Weide mit Kühen (wo die Gatter geöffnet werden müssen), dann führt ein Bretterweg, der gerade breit genug für den Kinderwagen ist, durch das Hochmoor. Vorbei am schwarzen Moorsee und auf dem anschließenden Waldweg entsteht gerade ein abenteuerlicher Grenzerpfad für Kinder, der einiges zum Entdecken anbietet. Bisher waren nur eine Hängematte und Liegebänke aus Holz im Wald fertig, es wird also eine Überraschung für euch, was ihr noch vorfindet. Auf halber Strecke gibt es das Hochsträßstüble als empfehlenswerte Einkehr mit Panoramaterrasse für die Eltern und schön angelegtem Kinderspielplatz für die Kleinen. Oder wenn ihr euch selbst versorgen möchtet, dann lädt am Wildrosenmoos ein Picknickplatz mit Tisch und Bank zum Verweilen ein.

Wetter: Anforderung: Dauer: 1 h

Anforderung:	Mittel; anfangs kurzes, steiles Stück auf dem Forstweg, danach hauptsächlich durchwurzelte Waldwege (gut befahrbar), über eine Weide/Wiesenweg (Weidezaun kann zur Durchfahrt entfernt werden); Moorpfad teilweise auf Holzbrettern und Holzschnitzelwege; das erste Kreuz kann gut rechts umfahren werden, durch das zweite haben wir mit großem Kinderwagen durchgepasst.
Dauer:	RW 1 h; 2,5 km; 100 Hm.
Wetter:	Sommerwetter (im Frühling oder bei Regen könnte die Tour matschig sein).

Wanderwert für Kinder:

2–3 Jahre:	Kühe auf der Weide; Waldpfade zum Entdecken.
4–6 Jahre:	Siehe unter 2-3 Jahre; Hochmoor mit Schautafel zum Torfstechen; Bretterweg entlang des Moorsees; seltene Tier- und Pflanzenarten; derzeit entsteht ein abenteuerlicher Grenzerpfad, dem wir teilweise mit der Tour folgen.
Kinderfahrrad:	Nicht geeignet.

Anfahrt: Bundesstraße 32 nach Heimenkirch rechts halten (auf Bundesstraße 32 bleiben) – im Kreisverkehr zweite Ausfahrt nach Weiler – in Weiler links auf Schulstraße in Richtung Sulzberg, bis kurz nach Hinterschweinhöfen auf der linken Seite der kleine Wanderparkplatz kommt. (Navi: D-88179 Oberreute, Hinterschweinhöf 39)

Ausgangspunkt: Nach Hinterschweinhöf links, kostenloser Wanderparkplatz.

Infos/Gaststätten: *Café Hochsträßstüble, Panorama-Terrasse, schön angelegter kleiner Kinderspielplatz, Tel. +43-5516-2863, Ruhetag: Mo. *Torfstechermuseum, kleine Ausstellung zum Torfstechen in früherer Zeit *Grenzerpfad (befindet sich im Entstehen zum Zeitpunkt des Buchdrucks).

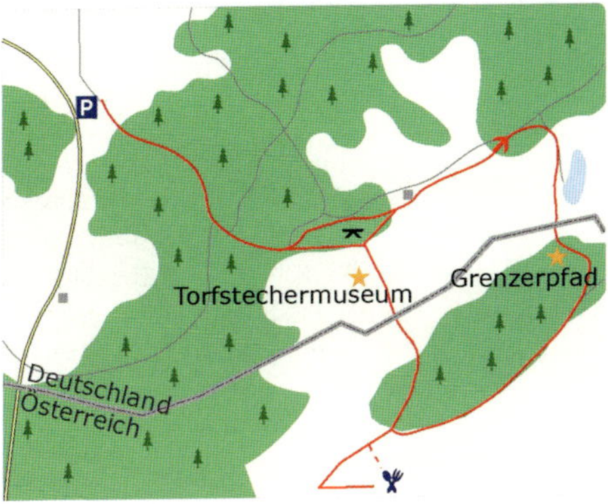

Wegbeschreibung:
Am Parkplatz ist das Wildrosenmoos schon ausgeschildert. Die Forststraße entlang geht es später links in den Wald. Hier den gelben Pfeilen folgen. Weiter geht es in Richtung Hochsträß, der Weg geht über eine Kuhweide. Danach rechts auf dem Bretterweg durch das Hochmoor, vorbei am schwarzen Moorsee laufen. Nach dem Hochmoor im Wald links in Richtung Sulzberg (Achtung, der Weg nach rechts ist nicht kinderwagentauglich!) abbiegen. Der Weg geht schon bald in einen guten Kiesweg über. Links kommt ein gemähter Wiesenweg, der zum Café Hochsträß führt. Zum Auto geht es den Waldweg rechts (Richtung Wildrosenmoos) und über das Holzbrückerl auf dem Holzhackschnitzelweg vorbei am Torfstecherhäusl. Halte dich dann links in Richtung Hinterschweinhöf, auf dem Weg, den du auch gekommen bist, zum Auto zurück.

51. RW Malerische Winterwanderung

durch das Kojental mit dem Pferdeschlitten (1.200 m)

da

Das Kojental bietet bei Schnee traumhaft präparierte Wege und in der Regel Sonnenschein, selbst wenn im Tal der Hochnebel hängt. Ein Bergpanorama wie im Bilderbuch! Die Runde lässt sich am besten mit festem Schuhwerk und Kindern auf dem Schlitten bewältigen und zum Abschluss vom Alpstüble Moos empfehlen wir als Highlight, mit dem Pferdeschlitten zum Parkplatz zurückzufahren.

Wetter: ☺ ☃ ○ | Anforderung: ● | Dauer: 1 h

Anforderung: Leicht; fast keine Steigung; gut präparierte Schneewege, im Sommer Kiesweg.

Dauer: RW 1 h; 2 km.

Wetter: Klass. Wanderwetter, Winterwanderung bei guter Schneelage, Schlitten wird empfohlen.

Wanderwert für Kinder:

2–3 Jahre:	Pferde-Schlittenfahrt.
4–6 Jahre:	Siehe unter 2-3 Jahre. Naturrodelbahn.
Kinderfahrrad:	Im Sommer gut geeignet.

Anfahrt: Aus der Richtung Weiler Bundesstraße 308 (Alpenstraße) in Richtung Oberstaufen kommend – bei Oberstaufen rechts von der Bundesstraße abbiegen und nochmals scharf rechts in Richtung Weißach – durch Weißach hindurch. Bei Aach i. Allgäu nach Österreich – Richtung Riefensberg Ortsmitte (nicht jedoch in das Zentrum fahren!) – an der Kreuzung Ortseinfahrt Riefensberg rechts halten (der Beschilderung „Alpenarena Hochhäderich" folgen) – nach ca. 3 km VOR dem Gasthof Engel links abbiegen und auf die Bergstraße zum Hochhäderich.
(Navi: A-6943 Riefensberg, Hochhäderich 300)

Ausgangspunk: Alpenarena Hochhäderich; gebührenpflichtiger Parkplatz.

Infos/Gaststätten: *Alpstüble Moos, gemütliche Hütte, kleiner Spielplatz, Sonnenterasse mit Blick auf die Nagelfluhkette, Tel. +43-664-2814917, www.alpe-moos.at, Ruhetag: Mi. *Almhotel Hochhäderich, kinderfreundliches Hotel, Tel. +43-5513-82540, www.alm-hotel.at. *Pferdeschlittenfahrt, Winter und Sommer täglich um 11 Uhr ab Parkplatz Hochhäderich, Tel. +43-664-4122915-0, www.pferdeschlittenfahrt.at. *Skigebiet in unmittelbarer Nähe. *Langlaufloipe 12 km klassisch.

Wegbeschreibung:

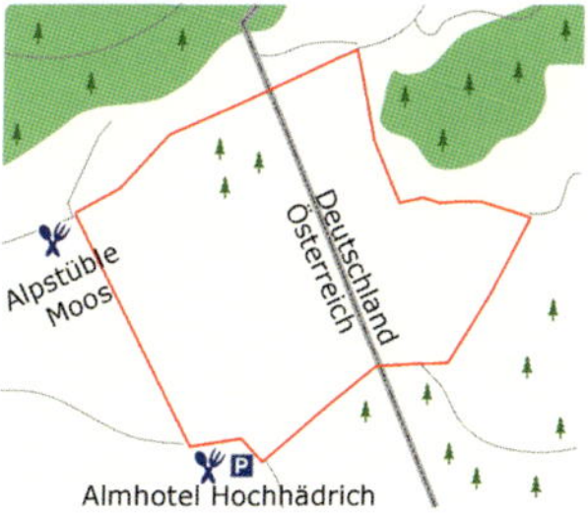

Vom P Hochhäderich führt ein gut beschilderter Weg Richtung Falkenhütte. Beim Abzweig links in Richtung Alpe Glutschwanden und Alpstüble Moos gehen. Halte dich weiter links. Dann ein kurzes Stück auf dem ausgewiesenen Wanderweg die Langlaufloipe entlang und dem Winterwanderweg bis zum nächsten Wegkreuzfolgen. Zum Alpstüble Moos links halten. Gleicher Rück- wie Hinweg oder zurück mit dem Pferdeschlitten.

52. Den Bregenzerwald
mit der Dampflokomotive erkunden, bei Bezau (695m)

da

Die Fahrt mit der wunderschönen alten Lokomotive ist vor allem für Kinder ein Erlebnis.

Die historische Dampflokomotive bringt uns schnaufend und dampfend von Schwarzenberg nach Bezau. Durch die liebliche Landschaft des Bregenzerwaldes schlängelt sich die Bahn entlang der Bregenzer Ache. In den urigen Bahnwaggons fühlt man sich in die damalige Zeit zurückversetzt (Mitnahme von Kinderwagen und Rädern möglich). In Bezau möchte das Vorarlberger Dorf erkundet werden. Hier gibt es einen schönen Rundweg nach Oberbezau, der entlang des kleinen, munter plätschernden Dorfbaches führt, vorbei an malerischen Gärten und Bauernhöfen. Später schlängelt sich der Weg durch die saftigen Wiesen zurück in den Ort. Ein wunderschöner Ausflug, der Erlebnis und Spaziergang einmalig verbindet.

Wetter: ☀ ○ Anforderung: ● Dauer: 1 h

Anforderung: Leicht; fast keine Steigung; Asphalt- und Kiesweg.
Dauer: RW 1 h; 3,5 km; 60 Hm.
Wetter: Klass. Wanderwetter.

Wanderwert für Kinder:

2–3 Jahre:	Dampflokomotivenfahrt, Bach zum Plantschen.
4–6 Jahre:	Siehe unter 2-3 Jahre.
Kinderfahrrad:	Gut geeignet.

Anfahrt: Von Bregenz (Rheintalautobahn) kommend – Ausfahrt 14 Dornbirn Nord Richtung Bregenzerwald – links nach Alberschwende – weiter nach Schwarzenberg – durch Schwarzenberg hindurch und an der Kirche links in Richtung Bezau. Der Bahnhof ist am Kreisverkehr die zweite Ausfahrt auf der rechten Seite.
(Navi: A-6866 Andelsbuch, Bersbuch 349)

Ausgangspunk: Alpenarena Hochhäderich; gebührenpflichtiger Parkplatz.

Infos/Gaststätten:*Eisdiele Emma (an der Wäldlebahnstation in Bezau). *Wäldlebahn, Tel. +43-664-4662330, www.waelderbaehnle.at, Betrieb Mai – Oktober.

Wegbeschreibung:

Von der Bahnstation der Wäldlebahn in Bezau geht es die Straße entlang den Schildern in Richtung Ortsmitte nach. Links in die Hauptstraße abbiegen, bis zur schönen Dorfkirche. Hier querst du die Straße zum Gasthof Gams „Kuschelhotel“. Gehe links daran vorbei und quere auf dem Zebrastreifen die große Straße „Platz“ in den gegenüberliegenden kleinen Schotterweg, der sich den Ortsbach entlang schlängelt und nach Oberbezau führt. In Oberbezau geht es rechts an der Kapelle vorbei und durch die Wiesen am Bachdamm zurück in die Ortsmitte. Halte dich hier an die Schilder Wäldbähnle.

53. Idyllischer Seewaldsee

mit spektakulärem Bergblick, bei Fontanella (1.200 m)

da

Eine gemütliche, kurze Wanderung auf asphaltierter Straße führt zum idyllischen Seewaldsee. Grün-blau glitzert sein Wasser, friedlich eingebettet in Wald- und Wiesenhänge mit atemberaubender Bergkulisse – wie es einem Bergsee einzigartig vorbehalten ist. Badewiese und See sind sehr familienfreundlich, Sonnenschirme können ausgeliehen werden, der Einstieg ist auch für die Kleinsten an einer breiten Stelle möglich. Der See ist durch seine abgelegene Lage im Grosswalsertal in der Regel nicht sehr überlaufen. Es sind meistens Familien mit Kindern hier anzutreffen. Mit dem Tragetuch bietet sich eine Seeumrundung an, die ca. 30 Minuten dauert. Wer nach dem Bad erschöpft ist, kann in einen kleinen Bummelzug einsteigen und sich bequem zurück zum Parkplatz bringen lassen.

Wetter: Anforderung: Dauer: 40 min

Anforderung: Mittel; Asphaltstraße; leichte Steigung.
Dauer: 40 min; 2,5 km eine Strecke; 60 Hm.
Wetter: Klass. Wanderwetter, Badewetter.

Wanderwert für Kinder:

2–3 Jahre:	Bachlauf mit Steinen zum Plantschen und Spielen auf halber Strecke; See zum Plantschen mit großem, flachem Einstieg.
4–6 Jahre:	Siehe unter 2-3 Jahre; Holzfloß im Wasser; Erkunden des Sees und des Waldes; Tarzanseil zum Schaukeln über dem Wasser.
Kinderfahrrad:	Nicht geeignet.

Anfahrt: Aus der Richtung Feldkirch (gebührenpflichtige Autobahn A14/E60) in Richtung Innsbruck kommend – Ausfahrt Bludesch den grünen Schildern „Biosphärenpark Großwalsertal“ folgen – durch Bludesch hindurch – weiter nach Ludesch – in Ludesch nach Raggal weiter und über Sonntag nach Fontanella – der AP liegt ca. 200 m nach der Ortsausfahrt Fontanella (in Richtung Damüls) auf der rechten Seite. (Navi: A-6733 Fontanella, Säge)

Ausgangspunkt: Seewaldsee Parkplatz, manchmal sind hier die Parkplätze knapp, dann kann gegenüber geparkt werden oder bei den Anliegern mit einem netten Lächeln gefragt werden.

Infos/Gaststätten: *Seestüble Seewaldsee, gute Brotzeit und Kuchen direkt an der Liegewiese mit schöner Terrasse mit Blick auf See und Berg, www.seestueble seewaldsee.at. *Der Jausentreff am See, schöne Panoramaterrasse mit Blick auf den See. *Bummelzug ab Parkplatz Seewald.

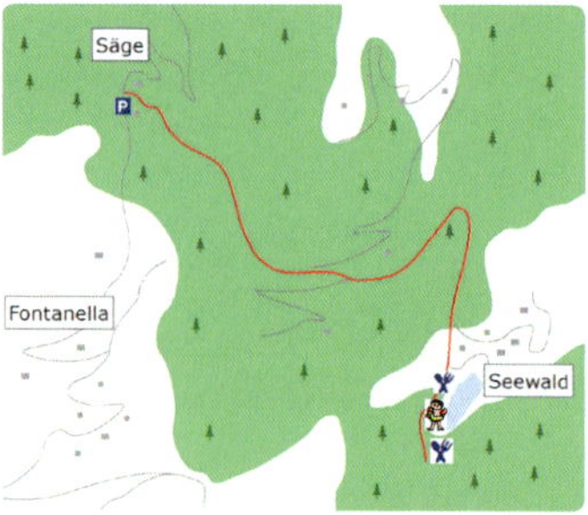

Wegbeschreibung:
Vom Parkplatz Seewaldsee der Beschilderung zum Seestüble Seewaldsee folgen. Der Weg geht entlang einer Asphaltstraße und beginnt mit einem leichten Anstieg, fällt später ab zum Seewaldtobel (Bachlauf) und geht wieder leicht bergauf bis zum Seewaldsee. Wenn die Jausenstation sichtbar wird, ist es in wenigen Minuten geschafft.

VIII. Bodensee / Schweiz

54. RW Bodensee-Panorama

von Heiden, bei Rorschach (810 m)

da

Besonders abenteuerlich ist diese Tour kombiniert mit der Bahn zu machen. Von Rorschach geht es die fast 400 Höhenmeter nach Heiden mit der Zahnradbahn oder Dampflokomotive hinauf. Heiden kann aber natürlich auch direkt mit dem Auto angefahren werden. Die Tour führt durch das in die Hügelllandschaft des Appenzeller Vorderlandes eingebettete Biedermeierdorf zum Panoramahöhenweg. Von hier liegt einem bei klarer Sicht der Bodensee zu Füßen! Die Runde führt zurück durch den Waldpark, wo Plantschmöglichkeiten an einem Brunnen oder am Bach gegeben sind und ein kleiner Spielplatz für die Kinder wartet. Wer nicht die viel befahrene Straße entlang gehen möchte, kehrt beim Spielplatz im Wald um und geht den gleichen Weg zurück.
Ein zusätzlicher Geheimtipp für größere Kinder ist die Kombination mit einer Schifffahrt aus Lindau (Dauer 1:10 h). Für kleinere Kinder schien uns das zu lang.

Wetter: Anforderung: Dauer: 1 h

Anforderung:	Leicht; kaum Steigung; Asphaltstraße, guter Kies-/Waldweg.
Dauer:	RW 1 h; 1,3 km. Bahnfahrt von Rorschach nach Heiden 22 Minuten (einfache Strecke).
Wetter:	Klass. Wanderwetter.

Wanderwert für Kinder:

2–3 Jahre:	Bahnfahrt nach Heiden, Kühe am Wegrand, Spielplatz in Heiden und am Ende des Waldes. Plantschen am Brunnen und am Bach im Wald.
4–6 Jahre:	Siehe unter 2-3 Jahre.
Kinderfahrrad:	Nicht geeignet.

Anfahrt: Von Bregenz kommend Richtung St. Gallen – durch Hard zum Grenzübergang Höchst – nach der Grenze rechts über die 13 nach Rorschach – Zentrum/Bahnhof fahren. Die Parkplätze sind direkt gegenüber dem Bahnhof.
(Navi: AP Rorschach Hafen (mit Bahnfahrt): CH-9400 Rorschach, Bahnplatz 17)
Anfahrt direkt nach Heiden: Vor dem Flughafen St. Gallen-Altenrhein geht es links gut beschildert nach Heiden hinauf. In Halden rechts in die Brunnhaldestraße – am Bahnhof links in die Bahnhofsstraße – rechts in den Kirchplatz und in der anschließenden Seeallee parken. (Navi: AP Heiden (ohne Bahnfahrt): CH-9410 Heiden, Seeallee)

Ausgangspunkt: Rorschach Bahnhof Hafen/See, öffentlicher kostenpflichtiger Parkplatz. Bei viel Andrang empfehlen wir P3 Seehof, da hier die Parkbegrenzung von 12 Std. ausreichend ist. Achtung, es gibt viele Parkplätze, die nur für 90 Minuten gelten! Euros werden in der Regel an den Parkplätzen akzeptiert.

Infos/Gaststätten: *Zahnradbahn, www.appenzellerbahnen.ch. *Dampflokomotive Rose, www.dampfromantik-nostalgie.ch, jeden 1. Sonntag im Monat (Mai – Oktober).

Aus der Wandertrickkiste:
Reime Spiel: Jeder beginnt einen Satz und die anderen müssen munter dazu reimen. Vielleicht etwas einbauen, was weiter vorne sichtbar wird und dann reimend dort hinlaufen.

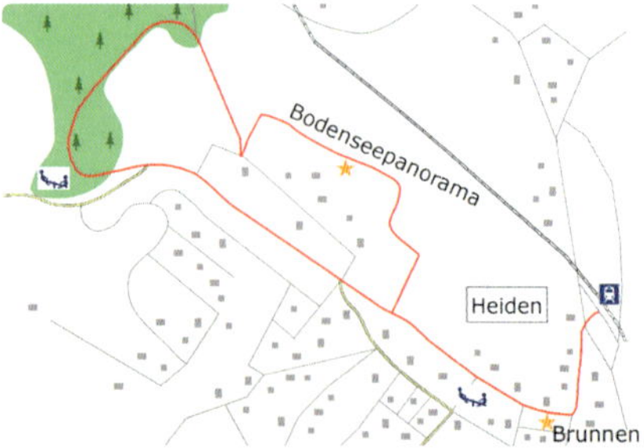

Wegbeschreibung:

Vom Bahnhof Heiden geht es links die Bahnhofsstraße entlang. Rechts über den Zebrastreifen in die Kirchstraße und immer geradeaus. Vorbei am Platz mit Bodenseepanoramablick (schräg gegenüber befindet sich der Spielplatz). Gehe rechts in den Carl-Böckli-Weg und folge den Schildern „Spazierweg zum Waldpark".

Wenn du am Ende des Waldes nicht auf der vielbefahrenen Gruberstraße zurück gehen möchtest, dann nimm den gleichen Rück- wie Hinweg.

55. Erlebnisparadies Waldegg

bei Teufen (986 m)

da

In Waldegg erwartet die Kinder in der Ausflugsstätte „Erlebnis Waldegg“ ein wahres Spielparadies. Das ganze Gebäude, vom Tante Emma Laden zum alten Schulzimmer, birgt sozusagen ein interessantes und lehrreiches Museum. Im Außenbereich gibt es einen Streichelzoo mit vielen Tieren (Ziegen, Hasen etc.) und ein Spielplatz, der keine Wünsche offen lässt. Ob Pferde-Karussell oder Trampolin bis hin zu allen „normalen Geräten“ wie Rutsche, Sandkasten und Schaukel, fand unser Sohn (1 Jahr) besonders die Kugelbahn mit bunten Bodga Kugeln auf alten, ausgekerbten Baumstämmen sehr spannend. Gleich vor dem Gebäude beginnt der Kräuter- und Erlebnisweg - Waldegg-Manndli-Weg. Er ist sehr schön gemacht, führt in einen „normalen“ Wald und hält für die Kleinen einige Entdeckungen auf ausgeschilderten Stichwegen z.B. Zum Fuchsbau oder der Teeküche bereit. (Achtung, nicht alle Stichwege sind kinderwagentauglich).

Wetter: Anforderung: Dauer: 30 min

Und ein paar Stellen bieten tolle Blicke auf die Berge oder den Bodensee. Verlängerung: Der Forstweg kann mit dem Kinderwagen bis zum Vogel Gesundheitszentrum gelaufen werden. Ein Schaugarten mit 120 Heilpflanzen und alten Obstsorten ist dort zu finden.

Anforderung:	Leicht; fast eben; gute Forststraße, Waldpfade (Abzweige des Waldegg-Manndli-Wegs).
Dauer:	1/2 h; 1,5 km (eine Strecke). Verlängerung: 1 h; 2,4 km (eine Strecke).
Wetter:	Jedes Wetter.

Wanderwert für Kinder:

2–3 Jahre:	Erlebnis Waldegg mit großem Spielplatz und Streichelzoo; Waldegg-Manndli-Weg.
4–6 Jahre:	Siehe 2-3 Jahre; nostalgischer Tante Emma Laden; altes Schulzimmer und Schaubäckerei.
Kinderfahrrad:	Geeignet.

Anfahrt: Achtung: Autobahnvignette in der Schweiz und Österreich! Von der Autobahn A1 vor St. Gallen Ausfahrt 83 – rechts in Richtung Heiden – Schönbüelstraße geht über in Tablatstraße – links in Rehetobelstraße – nach Halden – noch vor Teufen rechts in Waldeggstraße abbiegen. Restaurant Waldegg ist ausgeschildert.
(Navi: CH-9053 Teufen, Äußere Egg 977)

Ausgangspunk: Erlebnis Waldegg, kostenloser Parkplatz direkt vor dem Gasthaus.

Infos/Gaststätten: *Erlebnis Waldegg, freundliches Restaurant mit Terrasse, zahlreiche Kinderattraktionen, Essen aufgrund des Wechselkurses nicht ganz billig, Tel. +41-71333-1230, www.waldegg.ch, Ruhetag: Mo. *Vogel Gesundheitszentrum, Mai bis September geöffnet, Tel. +41-17133-56611, www.avogel.ch.

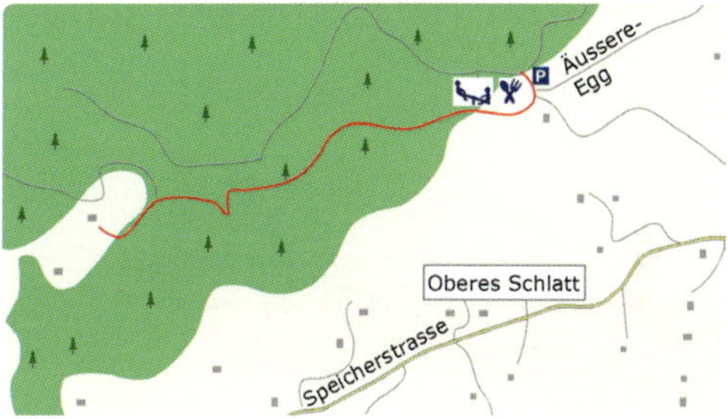

Wegbeschreibung:
Der Kräuter- und Erlebnisweg beginnt mit einem Prospektkasten der Tour. Direkt links an der Terrasse vorbei und durch den Spielplatz hindurch führt der Weg in den Wald. Aufgrund der einfachen Wegführung und guten Beschilderung bedarf es nicht wirklich einer Wegbeschreibung.

56. Barfußwandern am Fuße des Säntis bei Appenzell / Schweiz (407 m)

da

Ein besonderes Erlebnis für die Sinne verspricht dieser Barfußwanderweg (je nach Untergrund). Er verläuft durch die grünen Wiesen am Fuße des Säntis und Kronbergs, ist abwechslungsreich und auch für Städterfüße ohne Probleme machbar. Den Kinderwagen muss man an ca. 3 Stellen über Drehkreuze heben. Mit etwas Glück können die Kinder den Traktoren bei der Heuernte zuschauen und nebenher jede Menge Spaß beim Barfußlaufen über die Wiesen und durch einen Sumpf haben. Es ist ein tolles Erlebnis, 5 km ohne Schuhe zu laufen. Das sollte man sich nicht entgehen lassen. Eine Abspritzstation für die schmutzigen Beine ist vorhanden. An alles ist gedacht auf diesem landschaftlich wunderschönen Weg. Mit der Eisenbahn geht es dann zurück zum Ausgangspunkt.

Wetter:  Anforderung: ● Dauer: 2 h

Anforderung:	Mittel; flach bis leicht hügelig, keine nennenswerte Steigung; fast ausschließlich Wiesenweg und kurze Kieswegpassagen.
Dauer:	2 h; 5 km. Mit dem Zug zurück.
Wetter:	Klass. Wanderwetter, Sommerwetter.

Wanderwert für Kinder:

2–3 Jahre:	Barfußlaufen und Natur lädt zum Entdecken ein.
4–6 Jahre:	Siehe unter 2–3 Jahre.
Kinderfahrrad:	Nicht geeignet.

Anfahrt: Von Bregenz über die Autobahn kommend -Ausfahrt 27 Altlach – Richtung Götzis – links auf Schweizerstr. abbiegen – Kreisverkehr erste Ausfahrt immer in Richtung Schweizer Grenze und diese passieren – in Richtung Appenzell – durch Appenzell hindurch nach Gonten/Urnäsch – der Parkplatz Kronbergbahn ist links. (Navi: CH-9108 Jakobsbad)

Ausgangspunkt: Kostenloser Parkplatz an der Kronberg-Bahn in Jakobsbad.

Infos/Gaststätten: *Talstation Kronberg, Freizeitberg im Appenzellerland mit Luftseilbahn, Bobbahn, Seilpark (ab 1,40m Körpergröße), Grillstellen, www.kronberg.ch. *Appenzeller Bahn, Halbstunden-Takt zwischen Bad Jakobsbad und Gontenbad.

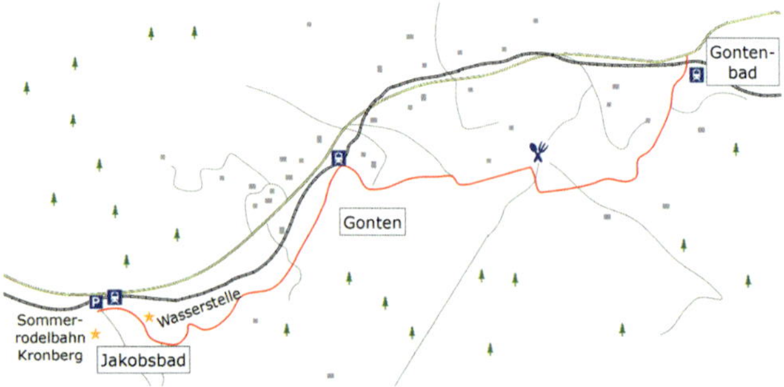

Wegbeschreibung:
Unmittelbar links neben der Talstation Kronberg startet der Barfußwanderweg nach Gontenbad. Der Weg ist sehr gut ausgeschildert. Gleich zu Beginn der Strecke befindet sich ein Grillplatz für Selbstversorger. Vorbei an der Kneippanlage geht es über Gonten nach Gontenbad zur Bahnstation und mit dem Zug zurück nach Jakobsbad.

Zum Ausmalen:

IX. Tragetuch-/Kraxentouren

T1 RW Eistobel

bei Maierhöfen (774 m)

je

Der Eistobel mit seinen rauschenden Wasserfällen, tiefen Strudellöchern, riesigen Gesteinsblöcken und gewaltigen Felswänden ist ein einzigartiges Naturerlebnis. Ein Besuch lohnt sich hier allemal. Der gut gesicherte Pfad ist mit der Kraxe bzw. dem Tragetuch gut begehbar, jedoch ist festes Schuhwerk angebracht. Zahlreiche Bänke laden zum Verweilen und Picknicken ein. Informationstafeln zum Tobel und Standortschilder erklären die Region. Es gibt Aussichtspunkte und Photowege. Auch der Bach bietet an den ruhigeren Ställen tolle Plantschstellen, an anderen herrscht Badeverbot. Am Informationspavillon findet man reichlich Wissenswertes über den Tobel. Dort gibt es auch einen Flyer mit einer Karte. Es werden 4 Varianten durch den Eistobel angeboten. Wir empfehlen die zweite Variante, da sie durch ihre Länge und die abwechslungsreiche Landschaft besticht.

Wetter: Anforderung: Dauer: 2 h

Anforderung:	Mittel bis schwer; am Anfang und in der Mitte ein rel. steiles Gefälle; fester, manchmal wurzeliger Wald- und Wiesenweg; Drehkreuze.
Dauer:	RW ca. 2 h; 4,1 km; 120 Hm.
Wetter:	Klass. Wanderwetter.

Wanderwert für Kinder:

2–3 Jahre:	Für KraxensitzerInnen gut geeignet.
4–6 Jahre:	Siehe unter 2-3 Jahre, der Wald und der Bach laden zum Entdecken und Plantschen ein. Infopavillion mit Bildern und Film zum Eistobel.
Kinderfahrrad:	Nicht geeignet.

Anfahrt: Von der Autobahn 96 Richtung Lindau kommend die Ausfahrt Weißensberg nehmen und dann links auf die Bundesstraße 12 Richtung Wangen/Kempten/Isny fahren – auf der Bundesstraße 12 bis Isny bleiben – dort rechts Richtung Maierhöfen abbiegen – in Maierhöfen rechts Richtung Grünenbach/Eistobel abbiegen – hinter der Argentobelbrücke rechts zum Eistobel abbiegen.
(Navi: D-88167 Grünenbach, Eistobel)

Ausgangspunkt: Kostenfreier Parkplatz beim Eistobelinformationspavillon.

Infos/Gaststätten: *Informationspavillon Eistobel bei der Argentobelbrücke, Eintritt: Erw. 1,50, Kinder 0,50 Euro (falls Pavillon nicht besetzt, bitte Kleingeld mitnehmen), Tel. +49-8383-7265, Pavillon geöffnet Mai bis Oktober von 9-17 h, ansonsten Drehkreuz benützen, im Winter nicht geräumt und Betreten auf eigene Gefahr. *Gasthof Argentobelbrücke, gut bürgerliche Küche und Sonnenterrasse, auf der anderen Seite der Brücke, Tel. +49-8383-289.

Aus der Wandertrickkiste:
Aus dicken Grashalmen lassen sich super Boote basteln. Probierts doch mal aus!

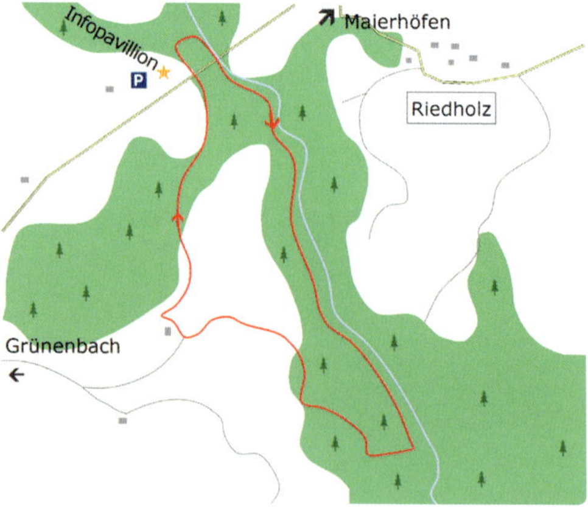

Wegbeschreibung:
Vom Ausgangspunkt den Hang hinunter zum Bach und diesem rechter Hand folgen. Anschließend den Schildern Richtung Grünenbach/Eistobelbrücke (rechts den Berg hinauf) und später dann nur noch den Wegweisern Eistobelbrücke folgen. Beim Hof wird es etwas verwirrend. Hinter ihm geradeaus über die Wiese und im Wald rechts. Dann den weiß-gelben Pfeilen rechter Hand nach. An der Weide dem Waldpfad rechts entlang folgen, zurück zur Brücke und dem Parkplatz.

T2 RW beim Biergarten Bad Malleichen

bei Gestratz (690 m)

da

Die Badwirtschaft Malleichen ist weitum bekannt und bei Kleinen wie Großen gleichermaßen beliebt. Erstere lockt der große Spielplatz und die zwei lieben Esel, letztere der gemütliche Gastgarten. Weil die Gegend schön ist, haben wir für jene, die sich die Füße vertreten wollen, einen kleinen Wald- und Wiesen-Rundweg entlang von zwei Tobeln gefunden. An den zwei höchsten Punkten gibt es schöne Ausblicke auf die Berggipfel.

Wetter:  Anforderung:  Dauer: 1 h

Anforderung:	Mittel; kontinuierliche, leichte Steigungen auf Wald- und Wiesenpfaden.
Dauer:	RW 1 h; 3 km; 100 Hm.
Wetter:	Klass. Wanderwetter, bei Nässe evtl. rutschig.

Wanderwert für Kinder:

2–3 Jahre:	Super geeignet. Siehe Infos/Gaststätten.
4–6 Jahre:	Siehe unter 2-3 Jahre.
Kinderfahrrad:	Nicht geeignet.

Anfahrt: Aus Richtung Lindenberg kommend in Richtung Isny am Kreisel erste Ausfahrt nehmen (B32) links halten in Richtung Isny – nach Steinegaden geht es hinab ins Tal und gleich nach der Brücke links in Richtung Malleichen – die Straße führt direkt zum Gehöft Bad Malleichen. Vor der Gastwirtschaft auf der rechten Seite befindet sich der Wanderparkplatz. (Navi: D-88167 Gestratz, Malleichen 41)

Ausgangspunkt: Kostenloser öffentlicher Wanderparkplatz.

Infos/Gaststätten: *Badwirtschaft Malleichen, gemütliche Bauernstube und schattiger Biergarten mit großem Spielplatz und Wasserpumpe, Esel und Katzen, www.malleichen.de. *Museum Heimathaus Gestratz, alte ehemalige Schmiede, Öffnungszeiten nach Vereinbarung mit der Gemeinde Gestratz, Tel. +49-8383-223.

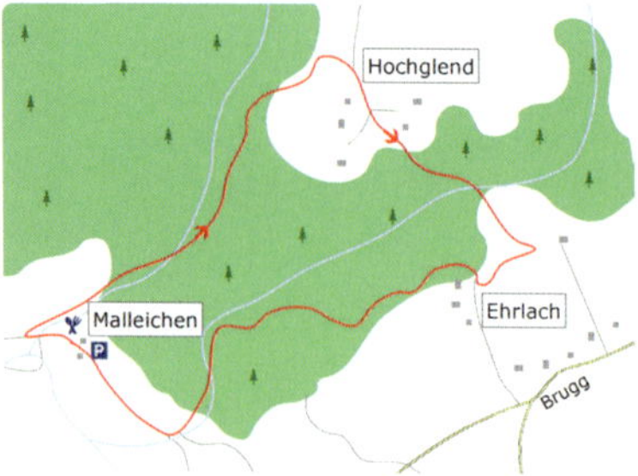

Wegbeschreibung:
Vom Ausgangspunkt geht es zuerst in Richtung Badwirtschaft Malleichen und hinter dem Hof dann rechts Richtung Hochglend (beschildert). Im Wald führt der Weg über eine Brücke und quert den Marktobelbach, der ob seines seichten Wassers natürlich gleich zum Plantschen einlädt. Danach geht es entlang eines wurzeligen Waldweges bergauf bis zu einer Wiese vor Hochglend. Rechts auf der Straße weiter, zwischen ein paar Häusern hindurch in Richtung Brugg. Hinab zum Hochtobelbach, den du über eine Brücke querst und auf der anderen Uferseite wieder nach oben erklimmst. In Ehrlach rechts der Beschilderung nach Malleichen folgen. Es geht durch den Wald abwärts, später den Tobel entlang nach Malleichen zurück.

T3 Erlebnistour hinab zu den Buchenegger Wasserfällen, bei Oberstaufen (900 m)

da

Obwohl dieser Weg nicht die perfekte Tragetuchtour ist (steile Serpentinen, schmaler Pfad, teilw. abschüssig), bietet er eine kurze Tour mit herrlichen Ausblicken auf die spektakulären Wasserfälle und nette Picknickplätze und Plantschstellen an den Kiesbänken. Er sollte daher nur von Trittsicheren begangen werden. Aber es lohnt sich, denn dieses Naturschauspiel ist wirklich einmalig. Wir haben den kürzesten Zutritt mit schöner Aussicht ausgesucht. Badesachen nicht vergessen!

Wetter: Anforderung: Dauer: 30 min

Anforderung: Schwer; der Weg führt steil in Serpentinen im Wald abwärts; teilw. stark verwurzelte Wege.

Dauer: 1/2 h; 0,5 km (eine Strecke); 240 Hm.

Wetter: Klass. Wanderwetter und Hochsommer; bei Nässe evtl. rutschig; im Frühling bald schneefrei, da sonnenseitig gelegen.

Wanderwert für Kinder:

2–3 Jahre:	Der Weg ist interessant, jedoch müssen die Kinder gesichert sein (Seil) und/oder durchgehend an der Hand geführt werden. Absturzgefahr!
4–6 Jahre:	Siehe unter 2-3 Jahren.
Kinderfahrrad:	Nicht geeignet.

Anfahrt: Von Oberstaufen kommend auf der Bundesstraße Richtung Immenstadt fahren – nach der Hündle Bahn links nach Isny abbiegen – sofort wieder links über die Brücke in Richtung Hinterstaufen und Buchenegg - halte dich dann rechts auf der Straße – durch Hinterstaufen durch, an den Bahngleisen ein kurzes Stück entlang und auf dem Sträßchen nach Buchenegg – dort weiter und vor der Kapelle rechts abbiegen – vorbei an Seppl's Gartenwirtschaft und den braunen Schildern zum Wasserfall folgen. (Navi: D-87534 Buchenegg)

Ausgangspunk: Buchenegger Wasserfälle-Parkplatz mit Parkscheinautomaten

Infos/Gaststätten: *Seppl's Gartenwirtschaft, schattige Panoramaterrasse, großer Spielplatz, von Sitzplätzen einsehbar, Tel. +49-386-4392, www.seppls-gartenwirtschaft.de, Ruhetag: Fr.

Wegbeschreibung:

Grundsätzlich kann man sich bei dieser Wanderung durchgehend an den Schildern zu den Buchenegger Wasserfällen orientieren. Durch zwei Drehkreuze hindurch geht es im Wald auf einem steilen Serpentinenpfad mit zahlreichen Stufen abwärts. Eine besonders schön gelegene Bank zum Pausieren mit Sicht zu den Wasserfällen bietet sich auf der halben Strecke an. An dem Flusslauf angekommen, führt eine stabile Brücke auf die andere Uferseite und ein schmaler Pfad weiter in Richtung Wasserfälle. Auf der Kiesbank kann man picknicken und eine kleine Abkühlung im Wasser nehmen.

T4 RW Auf den Hochgrat

bei Steibis / Oberstaufen (1.690 m)

je

Diese anspruchsvolle Wanderung auf den Hochgrat (1834 m) über Asphaltstraße und Schotterweg ist nur etwas für Fitte und Geübte, da ein, zwei deftige Steigungen (mal abgesehen von der stetigen Steigung) zu bewältigen sind und sie für eine Tragetuchtour auch ziemlich lang ist. Eine tolle Einkehrmöglichkeit ist das „Staufner Haus". Die Wirtsleute sind sehr kinderfreundlich und der kleine Biergarten bietet einen tollen Ausblick. hinunter geht es dann ganz entspannt mit der Bahn. Auf alle Fälle eine schöne, hochalpine Tour mit tollem Blick und einer fantastischen Landschaft. Natürlich kann man auch mit der Bahn hochfahren, einkehren und hinunter laufen.

Wetter:  Anforderung:  Dauer: 2 h

Anforderung: Schwer; weniger wegen der technischen Anforderung, sondern wegen der Steigung; mittelbreiter Weg mit wenigen, schmalen Abschnitten.

Dauer: Ca. 2 h; 7,7 km (eine Strecke); 800 Hm!

Wetter: Klass. Wanderwetter.

Wanderwert für Kinder:

2–3 Jahre:	Aufgrund der Steigung und der Länge ist diese Wanderung für jüngere Kinder nicht geeignet.
4–6 Jahre:	Nur für sehr, sehr gehfreudige Kinder geeignet (siehe Höhenmeter), Spielmöglichkeit bei der Bergstation und dem Staufner Haus.
Kinderfahrrad:	Nicht geeignet.

Anfahrt: Von Lindenberg kommend der Bundesstraße 308 Richtung Oberstaufen folgen – von der 308 rechts Richtung Oberstaufen abbiegen und gleich wieder rechts Richtung Steibis fahren – der Straße folgen durch Weißach durchfahren und dann links Richtung Steibis abbiegen – durch Steibis durchfahren und der Straße zum Hochgrat folgen (ausgeschildert) – neben der Talstation parken. (Navi: D-87534 Oberstaufen, Lanzenbach 5, Hochgrat)

Ausgangspunk: Kostenpflichtiger Parkplatz neben der Talstation.

Infos/Gaststätten: *Unterlauchalpe (996 m), einfache, gute Bergküche (siehe Kinderwagen-Tour), Tel. +49-8386-8177, Ruhetag: Mo. *Oberlauchalpe (1432 m), einfache, gute Bergküche, der nette Wirt hat uns versichert, dass es fast den ganzen Tag über Sonne gibt, Tel. +49-8386-8043, Ruhetag: Do (im Sommer immer offen). *Staufner Haus (1634 m), einfache, leckere Bergküche, kinderliebe Inhaber, Tel. +49-8386-8255, Achtung: je nach Saison unterschiedliche Öffnungszeiten: Sommer tägl. geöff. v. 1. Mai - 1. Nov., im Winter Ruhetage: Mo, Di, Mi Weihnachts- und Faschingsferien durchgehend geöffnet, www.staufner-haus.de. *Bergrestaurant (1690 m), schöne Sonnenterrasse, einfache, gute Küche, Selbstbedienung, Tel. +49-8386-8332.

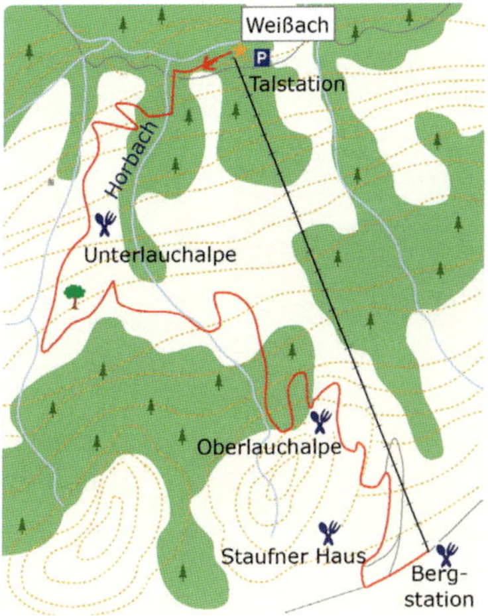

Wegbeschreibung:
Bis zur Unterlauchalpe (1000 m Höhe, ca. ¼ der Strecke) ist die Wegführung gleich der Kinderwagen-Tour Hochgrat und zwar an der Talstation vorbei und dann links der durchgehenden Beschilderung Richtung Staufner Haus folgen. Nach der Unterlauchalpe wird die Asphaltstraße zu einem Schotter- und dann Wiesenweg, der dich auf direktem und steilem Weg zum Staufner Haus und der wohlverdienten Rast führt. Jedoch sollte man sich auch die urige Oberlauchalpe als kleines Zwischenziel nicht entgehen lassen. Ab dem Staufner Haus ändert sich die Beschilderung auf „Bergstation“ und es geht nochmals ein Stück den Berg hinauf. Wir empfehlen die Abfahrt mit der Bahn. Bitte jedoch beachten, dass die Kleinen etwas zu trinken bekommen, um den Druckausgleich zu schaffen.
Wir haben auch den umgekehrten Weg getestet, also mit der Bahn hinauf und hinunterlaufen, das ist ohne Weiteres gut möglich.

T5 Ab zur Laiblach mit Tragetuch

bei Niederstaufen (527 m)

da

Ein echter Geheimtipp für alle, die mal wieder ungestört und in aller Ruhe in der freien Natur ein kleines Bad nehmen wollen. Diese Tragetuchtour führt erst über „Weitblickwiesen" und anschließend durch einen schönen Wald, der durch seine Hanglage, wurzeligen Wege und die urige Treppe eine abenteuerlustige Atmosphäre zaubert. Höhepunkt ist die Bade- und Picknickgelegenheit am Wasserfall mit Kiesbank. Da das Wasser dort nicht allzu tief ist, können hier auch die Kleineren in Ruhe plantschen. Wir beobachten auch immer wieder ältere Kinder, die großen Spaß mit dem Schwingseil haben. Im Hochsommer empfehlen wir, sich bei dieser Tour mit Mückenschutz einzudecken.

Wetter: Anforderung: Dauer: 45 min

Anforderung: Mittel; zum Wald hin führt ein fast ebener Feldweg, im Wald dann teilw. steil, wurzelig und Treppen; Waldwege.

Dauer: Ca. 45 min; 3 km (eine Strecke); 50 Hm.

Wetter: Klass. Wanderwetter.

Wanderwert für Kinder:

2–3 Jahre:	Schöner Wald, der zum Entdecken einlädt; Wasserfall und Plantschmöglichkeit an der Laiblach.
4–6 Jahre:	Siehe unter 2-3 Jahre; Seil zum Schwingen über den Fluss.
Kinderfahrrad:	Nicht geeignet.

Anfahrt: Siehe Tour Niederstaufen.

Ausgangspunkt: Siehe Tour Niederstaufen.

Infos/Gaststätten: Siehe Tour Niederstaufen.

Wegbeschreibung:

Vom Ausgangspunkt links die Allgäustraße entlang. Vor dem Landmaschinengeschäft Josef Karg links abbiegen und weiter geradeaus auf den Feldweg. Im Wald führt der Weg einen steinigen Hügel hinunter. Auf dem Weg bleiben, bis es rechts Treppen hinunter geht. Am Ende den rechten Weg zum Wasser hinunter nehmen (schöner Blick auf den Wasserfall). Dort geht es links oberhalb der Laiblach entlang. Rechts über die Brücke gehen und anschließend wieder rechts über die Wiese und etwas durchs Gestrüpp zur Laiblach und zum Wasserfall. Hier bietet sich eine Verschnaufpause mit Picknick und Bademöglichkeit an. Denselben Weg über die Brücke wieder zurückgehen, jedoch nicht rechts zurück zu den Treppen, sondern einfach dem Weg folgen. Er führt weiter oberhalb des Flusses entlang. Links kommt eine zweite Brücke, die du aber nicht überquerst. Gehe geradeaus weiter die Steigung hinauf und rechts den wurzeligen Waldweg hoch. Am Ende links halten und aus dem Wald heraus. Von hieraus geht es denselben Weg zurück zum Auto.

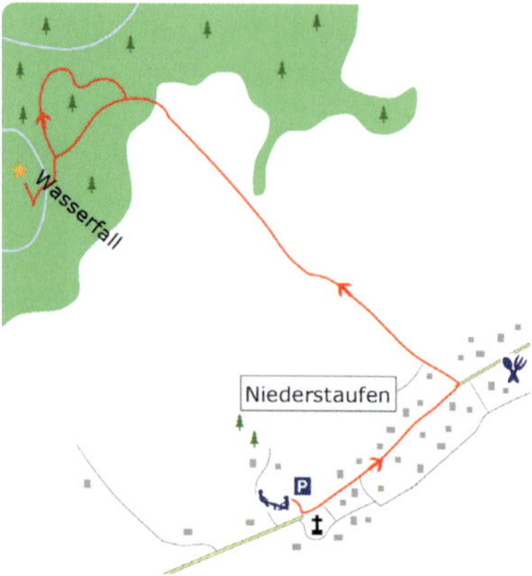

T6 RW Walderlebnispfad Möggers

je

bei Möggers (940 m)

Wunderschöner Walderlebnispfad bei Möggers in Österreich/Vorarlberg, bei dem sowohl Eltern als auch Kinder auf ihre Kosten kommen. Der Weg bietet fantastische und interessante Stationen und führt durch einen schönen Wald. Die vielen Tiere, vor allem die Hängebauchschweinchen mit ihren Babys, erfreuen Alt und Jung. Die Brotzeitstation gleich zu Beginn des Weges bietet eine kleine Auswahl an Speisen (z.B. selbstgemachtes Brot, Käse etc.) und mit den urigen Betreibern hatten wir jede Menge Gaudi. Toll ist auch der alte Traktor auf dem Spielplatz. Der Walderlebnispfad kostet keinen Eintritt, aber am Anfang des Weges stehen Spendenboxen, die sich über Futter freuen und es auch verdienen. Festes Schuhwerk ist nötig bei diesem Weg.

Wetter: ● Anforderung: ● Dauer: 11/4 h

Anforderung:	Mittel bis schwierig; z.T. steil und Waldstufen; ebene Asphaltstraße bis zur Brotzeithütte, dann Waldwege.
Dauer:	RW ca. 1 1/4 bis 3 h, je nach Verweildauer bei den Stationen;
Wetter:	Klass. Wanderwetter; Erlebnispfad ist das ganze Jahr über zugänglich, aber bei nassem Boden mit Kleinkindern und im Winter nicht zu empfehlen.

Wanderwert für Kinder:

2–3 Jahre:	Für sie ist der Weg wohl zu lang und zu schwierig, aber die Tiere und der tolle Spielplatz bei der Brotzeitstation kurz vor dem Walderlebnispfad dürften für jede Menge Spaß sorgen.
4–6 Jahre:	Super geeignet; toller Spielplatz bei der Brotzeithütte(s.o.); viele Tiere (freilaufende Esel, Hängebauchschweine, Pfauen, Hasen etc.) zum Anschauen und Anfassen; tolle Stationen auf dem Walderlebnispfad, z.B. Hängematten im Wald, Klanghölzer, Hängebrücken, Blockhaus zum Umbauen etc.; außerdem gibt es noch viele Wissensstationen, z.B. heimische Hölzer, Ameisen, Leben unter der Erde etc. und nette Zitattafeln.
Kinderfahrrad:	Nicht geeignet.

Anfahrt: Von Lindau kommend der Bundesstraße 308 Richtung Lindenberg folgen – an der Abzweigung Niederstaufen rechts nach Österreich abbiegen – in Hohenweiler den Schildern links nach Möggers folgen und dann die Serpentinen hoch fahren (Rucksteig) – links dem Schild Richtung Walderlebnispfad folgen, vorbei am Sportplatz und gegenüber dem Sägewerk parken. (Navi: A-6900 Möggers, Schönstein 58b)

Ausgangspunk: Kostenpflichtiger Parkplatz oberhalb des Walderlebnispfades (2 Euro).

Infos/Gaststätten: Es gibt eine Brotzeithütte mit z.T. selbstgemachten Nahrungsmitteln, z.B. Brot, Käse, Würstl, Getränke und Steckerleis am Anfang des Weges.

Wegbeschreibung:
Grundsätzlich kann man sich bei dieser Wanderung durchgehend an den Schildern zu den Buchenegger Wasserfällen orientieren. Durch zwei Drehkreuze hindurch geht es im Wald auf einem steilen Serpentinenpfad mit zahlreichen Stufen abwärts. Eine besonders schön gelegene Bank zum Pausieren mit Sicht zu den Wasserfällen bietet sich auf der halben Strecke an. An dem Flusslauf angekommen, führt eine stabile Brücke auf die andere Uferseite und ein schmaler Pfad weiter in Richtung Wasserfälle. Auf der Kiesbank kann man picknicken und eine kleine Abkühlung im Wasser nehmen.

T7 RW Malerische Hochmoorwanderung

zum Kojen mit Bodenseeblick, bei Riefensberg (1.303 m)

da

Das Gebiet um den Hochhäderich bietet vielerlei Wandermöglichkeiten, s. auch Tour Hochhäderich-Kojental. Es gibt einen wunderschönen Gipfel mit Bank, einfach mit dem Tragetuch zu erreichen, und ein malerisches Hochmoor; ein Bergsteigertraum für frische Mamas. Der Kojen ist ein leicht zu erreichender, sagenumwobener und exponierter Felsvorsprung mit grandiosem Ausblick bis in die Schweiz. Und vielleicht weiden ja auch gerade die Ziegen am Gipfel. Je nach Schneelage ganzjährig begehbar.

Wetter: ◐ Anforderung: ● Dauer: 11/2 h

Anforderung:	Mittel; Feldweg, zum Gipfel führt ein kurzer Aufstieg durch die Weide.
Dauer:	1,5 h; 4 km (eine Strecke); 80 Hm.
Wetter:	Klass. Wanderwetter, auch im Winter möglich.

Wanderwert für Kinder:

2–3 Jahre:	Kühe, Pferde mit Fohlen auf den Weiden; Ziegen am Kojen Gipfelkreuz; der Felsvorsprung ist abgezäunt; Kinder dort jedoch unbedingt sichern bzw. an der Hand führen.
4–6 Jahre:	Siehe unter 2-3 Jahre. Naturrodelbahn; Pferde Schlittenfahrten im Winter.
Kinderfahrrad:	Nicht geeignet.

Anfahrt: Aus der Richtung Weiler Bundesstraße 308 (Alpenstraße) in Richtung Oberstaufen kommend bei Oberstaufen rechts von der Bundesstraße abbiegen und nochmals scharf rechts in Richtung Weißach / Steibis – durch Weißach hindurch, bei Aach i. Allgäu über die Grenze nach Österreich – weiter auf der Straße Richtung Riefensberg Ortsmitte (nicht in das Zentrum fahren!) – an der Kreuzung Ortseinfahrt Riefensberg rechts halten (Beschilderung "Alpenarena Hochhäderich" folgen) – nach ca. 3 km VOR dem Gasthof Engel links abbiegen auf die Bergstraße zum Hochhäderich. (Navi: A-6943 Riefensberg, Hochhäderich 300)

Ausgangspunk: Alpenarena Hochhäderich, gebührenpflichtiger Parkplatz

Infos/Gaststätten: Siehe Tour Hochhäderich Kojental.

Wegbeschreibung:

Vom P Hochhädrich führt ein gut beschilderter Weg Richtung Alpstüble Moos. Der schmale Pfad führt direkt durch das Hochmoor Kojenmoos. Hinter dem Alpstüble Moos führt ein kurzer steiler Anstieg zum „Steinernen Tor". Hier beginnt auch die Naturrodelbahn zum Gasthof Hochlitten. Du gehst links den Nagelfluhgrad entlang. Der Weg schlängelt sich durch den Wald und führt schließlich auf eine Weide, an deren Ende der Felsvorsprung Kojen liegt. Am Gipfelkreuz sind Bänke für eine Rast. Der Abstieg erfolgt direkt über die Weide in Richtung Alpstüble Moos. Ab hier gleicher Rück- wie Hinweg.

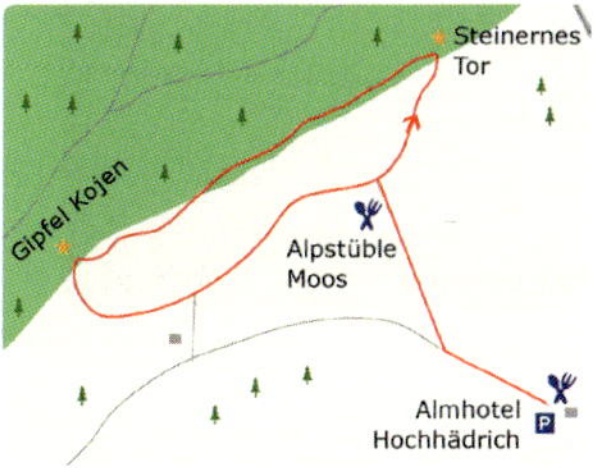

Zusatztipps

1. Sturmannshöhle

(Mittel, Treppen zur Höhle, 10 min. Weg, 30 min. Führung)

Diese Höhle ist vor allem etwas für Abenteuerlustige und EntdeckerInnen. Zudem ist die „interessante" Vortragsweise des Höhlenführers und der Höhlendrache ein Schmunzeln wert. Treppen und schmale Wege sind für geübte TragetuchgängerInnen kein Problem und die Kleinen genießen die Wärme der Mama/des Papas und die Windungen der Höhle (Warm anziehen, könnte kalt werden). Wer nach der Höhle noch Lust auf einen kleinen Spaziergang hat, kann auf dem schattigen Sagenweg, der direkt am Fuße der Höhle entlangführt, den Wald genießen und mehr über Geschichten der Region erfahren (gut ausgeschildert).

Anfahrt: Auf der Bundesstraße 19 Richtung Oberstdorf fahren - in
Fischen nach Obermaiselstein abbiegen - in Obermaiselstein den Wegweisern Richtung Sturmannshöhle folgen. (Navi: 87538 Obermaiselstein, Sturmannshöhle).
Infos: Eintrittspreise und Öffnungszeiten auf www.sturmannshoehle.de; Beim „Höhlentelefon" (++49-8326-38309) erfährt man witterungsbedingte Änderungen. Snacks am Kassenkiosk erhältlich.

2. Wäser Ufer

(Leicht, eben; bis zu 45 min.)

Das Wäser Ufer in Lindau ist ein idyllisches und übersichtliches Naturschutzgebiet direkt am See, das mit seinen Kiesstränden auch auf ein kleines Badeerlebnis und ein Picknick einlädt. Auf den großen Wiesen mit Grillstellen lässt sich zudem ein kleines Fußballspiel arrangieren. Die Wege sind mit den Kinderwagen gut befahrbar und man kann sich seinen eigenen kleinen Spaziergang wählen. Es gibt einen kostenpflichtigen Parkplatz, von dem man aus in beide Richtungen starten kann.

Anfahrt: von der Autobahn 96 kommend Ausfahrt Lindau - geradeaus über den Kreisverkehr Richtung Lindau Insel – an der Ampel links Richtung Bregenz – links abbiegen und die Bahngleise überqueren – rechts auf den Parkplatz

3. Friedrichshafen

(Leicht, eben)

Ein tolles Ausflugsziel für die ganze Familie ist auch die Stadt Friedrichshafen. Es gibt hier eine schöne Seepromenade mit netten Cafes und einem kleinen Park. Zudem lockt das auch für Kinder interessant gestaltete Zeppelinmuseum bei schlechtem Wetter. Am besten beim Bahnhof in dem großen Parkhaus parken und von dort unter der Bahngleisunterführung zum See. Am Ende der Promenade bietet sich auch ein Bummel durch die Fußgängerzone an.

4. Eriskircher Ried

(Leicht, eben)

Das Naturschutzgebiet bei Eriskirch kurz vor Friedrichshafen verspricht schöne Weg nahe dem Bodensee, die mit dem Kinderwagen gut befahrbar sind. Zudem bietet es nette Plätze zum Picknicken und Verweilen an. Mitten im Ried gibt es auch ein schönes Strandbad mit Restaurant „Breitengrad“ (www.breitengrad-location.de). Hier hat man einen gigantischen Alpenpanoramablick von der Terrasse aus und als Restaurantbesucher zahlt man keinen Eintritt ins Strandbad. Jedoch sollte man diese Ge-

gend zur Saison vermeiden, da sehr viele Fahrräder unterwegs sind und es bei Trockenheit sehr staubig werden könnte. Ansonsten Kinderwagen und Familie einpacken und eine tolle Landschaft am Bodensee erkunden.
Eriskirch ist eine Abfahrt zwischen Lindau und Friedrichshafen. Das Strandbad mit Restaurant ist von Mai bis Oktober von 9 bis 19 Uhr täglich geöffnet.

5. Rittersburg Meersburg

(Mittel, z.T steil und Kopfsteinpflaster)

Die Rittersburg Meersburg ist vor allem für Kinder ab dem Kindergartenalter ein schönes und interessantes Ausflugsziel. Aber auch die literarisch veranlagten Erwachsenen kommen auf der ehemaligen Heimatstätte von Annette von Droste-Hülshoff nicht zu kurz. Die Burg ist mit dem Kinderwagen nur zu zweit begehbar, da Treppen zu bewältigen sind. Man kann den Wagen aber auch am Eingang stehen lassen und den kleinen Schatz tragen. Die Stadt an sich ist schnell gesehen. Schwierig wird es auf dem Kopfsteinpflaster und Steigungen sind auch zu bewältigen. Man kann aber auch ein Stück am See entlang spazieren und die Aussicht genießen.

6. Konstanz und die Insel Mainau

(Leicht bis mittel aufgrund des Kopfsteinplasters und der z.T engen Gassen in der Altstadt; die Insel Mainau ist super für den Kinderwagen geeignet)

Konstanz ist eine wunderschöne Stadt direkt am Bodensee und bietet neben Plantschmöglichkeiten eine romantische Altstadt zum Bummeln an. Jedoch ist die Stadt im Sommer zur Saison gut besucht und auch die zum Teil aus Kopfsteinpflaster bestehenden Straßen brauchen einen geeigneten Kinderwagen. Schön ist es auch, die Stadt von Meersburg aus mit der Autofähre anzufahren. Die Kinder sind davon bestimmt begeistert und man erhält einen guten ersten Eindruck von der Stadt.
Wer in Konstanz ist, sollte sich auf gar keinen Fall die Insel Mainau, vor allem zur Blütezeit nicht entgehen lassen. Es ist faszinierend, was die Gärtner dort mit den Blumen, Bäumen etc. für schöne Kunstwerke zau-

bern. Es gibt auch immer wieder kleine Spielplätze und ein atemberaubendes Schmetterlingshaus, die Kinderherzen höher schlagen lassen. Auch bieten zahlreiche Lokale auf der Insel Stärkungen an. Hier kann man locker mal einen ganzen Tag über die Insel schlendern. Die Insel ist von Konstanz aus leicht zu erreichen. Sie ist gut ausgeschildert und auch Busse fahren regelmäßig von der Innenstadt zur Insel. Auf der Insel fahren keine Autos. Jedoch ist der Eintrittspreis nicht ganz billig.

Infos: www.mainau.de, www.bodenseeschifffahrt.de

7. Stein am Rhein

(Leicht bis mittel aufgrund des Kopfsteinpflasters)

Die wunderschöne und romantische kleine Stadt in der Schweiz mit dem netten Namen Stein am Rhein ist ca. eine halbe Stunde von Konstanz entfernt. Hier lohnt es sich auf alle Fälle einen kleinen Stadtbummel einzuplanen, da die historischen Häuser mit ihren Infotafeln, Bauweisen und Malereien inspirieren. Ein nettes kleines Städtchen mit Cafes und Schweizer Spezialitätenrestaurants, einer angenehmen Atmosphäre und übersichtlich gebaut, so dass man sich nicht verlaufen kann. Auch der Parkplatz am Ortseingang (kostenpflichtig) ist nicht zu verfehlen und es ist normalerweise überall möglich mit Euro zu zahlen. Auf alle Fälle einen Besuch wert.

Alphabetisches Register

Zum Geleit

(von Herausgeberin Elisabeth Göllner-Kampel)

Dieses Buch erweitert unsere beliebte Kinderwagen-Wanderbuch-Reihe um ein weiteres, wunderbares Werk. Entstanden ist das allererste Buch aus einer Notlage heraus. Es gab bis dahin schlichtweg kein barrierefreies Wanderbuch. Aus der ersten Auflage, die noch im Copy-Shop entstanden ist, entwickelte sich eine Erfolgsreihe. Mittlerweile wurde die Idee oftmals übernommen, Teilbereiche auch kopiert. Was uns jedoch einzigartig macht: Alle Bücher wurden von Müttern geschrieben, die mit dem Kinderwagen ihre Heimat durchforstet und die schönsten Touren zusammentragen haben. An dieser Stelle deshalb unser großer Dank an die Autorinnen, die Großartiges für die Familien in der Region leisten und unter großem persönlichem Aufwand und mit riesigem Engagement die Bücher erstellen. Herzlich willkommen, liebe AllgäuerInnen, VorarlbergerInnen, SchweizerInnen und alle Gäste! Schreibt uns, redet uns drein und freut euch mit uns über die tollen und abwechslungsreichen Wander-Angebote.
Und sollte es in deiner Region noch kein Kinderwagen-Wanderbuch von uns geben, freue ich mich über jede Anfrage.

Überblickstabelle der Wanderungen

I. Raum Alpsee	Char.	Dauer 1h 2h	Anf.	Seite
1. Seespaziergang am Alpsee	⇄		●	24
2. Siedel- & Jugetalpe / Bühl am See	⇄		●	27
3. Hauchenberg / Diepolz	⇄		●	29

II. Raum Oberstaufen	Char.	Dauer 1h 2h	Anf.	Seite
4. Hündle	⇄		●	34
5. Sonnhaldealp	⇄		●	37
6. Entlang der Weissach	⇄ ↺		●	40
7. Schindelberg	⇄		●	43
8. Dreiländerblick	⇄ + Figur		●	46
9. Imberg	↺	3h 30	●	49
10. Unterlauchalpe / Hochgrat	⇄		●	52
11. Königsalpe / Stiefenhofen	⇄		●	54
12. Stiefenhofen	↺		●	56
13. Winterwanderung / Hopfen	↺		●	59
14. Höhenweg Oberreute / Hochsträss	⇄		●	61

Länge km	Schatten	Hoch-sommer / Baden	Regen	Winter / Rodeln	4–6 Jahre	Rad	Sterne
6	○	-/X	-	X/-	X	X	★★★
1,5	◑	X/-	X	-	X	-	★★
3	◑	X/-	-	-	X	-	★

Länge km	Schatten	Hoch-sommer / Baden	Regen	Winter / Rodeln	4–6 Jahre	Rad	Sterne
2	◔	X/-	-	-	X	-	★★★
3 / 4	◔	-	-	-	X	X	★★
4,5 / 9	◔	X/X	-	X/-	X	X	★★★
1	◔	X/-	X	X	X	-	★★
4 / 2	◔	X/-	-	-	-	-	★★
5 / 7	◔	X/-	-	-	X	-	★★★
1,4	○	X/-	X	-	X	X	★★
3	○	X/-	X	-	X	X	★
6,7	◔	X/X	X	-	X	X	★★
2,5	○	-	-	X	X	-	★
4,3	◑	X/-	-	X	X	-	★★★

	Länge km	Schatten	Hoch-sommer / Baden	Regen	Winter / Rodeln	4–6 Jahre	Rad	Sterne
	4,6	◔	x/x	-	-	x	x	★★★
	1,7	○	-	-	-	x	-	★
	1,5	◑	x/-	x	-	-	x	★★

	Länge km	Schatten	Hoch-sommer / Baden	Regen	Winter / Rodeln	4–6 Jahre	Rad	Sterne
	0,5 / 4,5	◔	x/x	-	-	x	x	★
	3	●	x/x	x	x	x	x	★★
	2 / 4,5	◕	x/x	x	x	x	x	★★★
	4,5	◔	-	-	-	-	-	★★
	3	◑	x/-	-	-	x	-	★★
	3	◑	-	-	x	x	-	★
	1,7 / 5	◔	-/x	-	-	x	x	★★
	3,5	◕	x/-	-	-	x	-	★★★

	Länge km	Schatten	Hoch-sommer / Baden	Regen	Winter / Rodeln	4–6 Jahre	Rad	Sterne
	2	◑	x/x	x	x	x	-	★★★
	1	○	x/x	x	x	x	x	★★

Länge km	Schatten	Hoch-sommer / Baden	Regen	Winter / Rodeln	4–6 Jahre	Rad	Sterne
3,8	◑	x/x	-	-	x	-	★★
5	○	-	-	x	x	x	★
6,8	◔	x/-	-	-	x	-	★★★
13	◑	-	-	-	-	-	★★
4,7	○	-	x	x	x	x	★
6,5	◔	x/-	-	-	x	-	★
4	◔	x/-	x	x	x	x	★
2,7	○	-	-	x	x	x	★
3,5	◕	x/x	-	-	x	-	★
4,5	◑	x/x	-	-	x	-	★★

Länge km	Schatten	Hoch-sommer / Baden	Regen	Winter / Rodeln	4–6 Jahre	Rad	Sterne
3,7	○	x/-	x	x	x	x	★
1	●	x/-	x	-	x	x	★★★
3	◔	x/x	x	x	x	x	★★★
2,7	◔	x/x	-	-	x	x	★★★
1,7	○	-	-	-	-	-	★★
4	○	-	-	-	x	x	★★★
11	◑	x/x	x	x	x	x	★★★

	Länge km	Schatten	Hoch- sommer / Baden	Regen	Winter / Rodeln	4–6 Jahre	Rad	Sterne
	3	◔	x/-	-	-	x	-	★★
	4,5	◔	x/-	-	x	x	x	★★
	2,3	◕	x/-	-	-	x	-	★★
	1	◑	x/-	x	x	x	-	★★★
	1,3 - 6	○	x/-	-	x	x	x	★★
	2,5	◕	x/-	x	-	x	-	★★
	2	○	x/-	-	x	x	x	★★★
	3,5	○	x/-	-	-	x	x	★★
	2,5	○	x/x	-	-	x	-	★★

	Länge km	Schatten	Hoch- sommer / Baden	Regen	Winter / Rodeln	4–6 Jahre	Rad	Sterne
	1,3	◔	-	-	-	x	-	★★★
	1,5 / 2,4	◕	x/-	x	-	x	x	★★★
	5	○	x/x	-	-	x	-	★★★

Zeichenerklärung der Inhaltsangabe

Charakteristik (Char.):

↺ Rundweg
Ausflugsziel
Tragetuchtour

⇄ gleicher Rück- wie Hinweg
→ Rückweg alternativ möglich mit Bahn, Schiff oder Gondel

Balken für Dauer:

An der Länge der Balken kann man erkennen, wie lange die Wanderung für eine Strecke dauert. Bei Rundwegen wird die Gehzeit für den gesamten Weg angezeichnet. Die hellgrauen Balken zeigen an, ob und inwiefern die Wanderung verlängert werden kann. Näheres in der jeweiligen Wegbeschreibung.

Länge km	Schatten	Hoch-sommer / Baden	Regen	Winter / Rodeln	4–6 Jahre	Rad	Sterne
4,1	◕	x/-	-	-	x	-	★★★
3	◕	x/-	-	-	x	-	★★
0,5	◕	x/x	-	-	x	-	★★★
7,7	◔	x/-	-	-	x	-	★★★
3	◑	x/x	-	-	x	-	★★★
3,5	●	x/-	-	-	x	-	★★★
4	◑	x/-	-	-	x	-	★★★

Anforderung (Anf.):

● Leicht ● Mittel ● Schwer

Näheres zu Anforderung im nächsten Kapitel "Zum Gebrauch des Wanderführers" unter Anforderung.

Schatten:

Die dunklen Kreise in der Übersicht zeigen an, in welchem Ausmaß der Weg schattig ist:

○ auf der gesamten Route ist kein Schatten

◔ der Weg liegt nur zu einem Viertel im Schatten

◑ die Hälfte der Wegstrecke ist schattig

◕ der Großteil der Strecke liegt im Schatten oder auch lichtem Wald

● der gesamte Weg liegt im Schatten

★★★ Sterne

Die Anzahl der Sterne bezieht sich auf die „Schönheit“ bzw. Besonderheit der Landschaft und/oder des Weges.

x/x, x/-, -/x geben an, ob man auf dieser Strecke im Sommer auch baden kann bzw. im Winter Rodeln.

Zum Gebrauch des Wanderführers:

Erklärung zum Hauptteil (Wanderungen):

Anforderung:

In der Anforderung beschreiben wir die Wegbeschaffenheit und die Steigung.

Wir haben die Farbe grün der üblichen Kategorisierung der Wanderwelt vorangestellt, denn was zu Fuß als leicht eingestuft werden würde, ist mit dem Kinderwagen oft bereits mittelschwierig.

- **Grün** = leicht mit dem Kinderwagen. Die Wegbeschaffenheit ist gut (asphaltiert oder Kiesweg oder guter Schotterweg) und die Steigung gering. Es ist kein geländegängiger Kinderwagen notwendig, meist auch „Buggy-geeignet".

- **Blau** = mittelschwierig mit dem Kinderwagen, jedoch meist leicht zu Fuß. Die Wegbeschaffenheit ist noch immer gut, meist Schotterwege, es kann jedoch holprige Teilabschnitte geben oder einige wenige Stufen. Die Steigung ist mäßig bzw. nur kurz steil. Ein geländegängiger Kinderwagen wird empfohlen. Wir empfehlen bei Steigungen eine Bandschlinge zu verwenden.

- **Rot** = schwierig mit dem Kinderwagen, jedoch meist mittelschwer zu Fuß. Die Wegbeschaffenheit ist teilweise schlecht oder ausgewaschen. Die Steigung ist mit dem Kinderwagen kräfteraubend. Ein geländegängiger Kinderwagen ist unumgänglich. Wir empfehlen bei Steigungen eine Bandschlinge zu verwenden.

- **Schwarz** = kommt in diesem Wanderführer nicht vor.

Sicherung:
Wir haben die Erfahrung gemacht, dass es immer ganz gut ist, eine Bandschlinge dabei zu haben. Z.B. beim Abwärtsgehen auf einer Schotterstraße ist es beruhigend, wenn der Kinderwagen damit am eigenen Gürtel gesichert ist. Nur für den Fall, dass man ausrutscht.
So ein Hilfsmittel erhält man in jedem Sportgeschäft in jeder gewünschten Länge und Stärke.

Wir möchten auch dringend darauf hinweisen, niemals den Kinderwagen mit Baby an Bord allein an abschüssiger Strecke – selbst mit angezogener Bremse – stehen zu lassen. Immer wieder hört man von sehr tragischen Fällen, in denen sich Kinderwägen selbstständig machen und abrollen. Im Zweifelsfall, wenn das Baby beim Rastplatz schläft, zusätzlich mit einem Sicherungsstrick sichern.

Wir wissen aus eigener Erfahrung, wie groß der Stress sein kann, wenn man alleine unterwegs ist, ein Kind schon mitgeht und das andere im Wagen liegt. Auch wenn es pädagogisch nicht modern ist, finden wir, dass auch hier ein Sicherungsstrick für das gehende Kind bei abschüssigen Stellen oder neben Straßen die Situation entschärfen kann. Kindern fällt einfach von einem Moment auf den anderen etwas ein, sie laufen weg und in diesem Schockmoment würde der Kinderwagen unbeaufsichtigt sein. Vielleicht kann man die Größeren davon überzeugen, dass sie sich dann als richtige Kletterer fühlen können – denn die sind ja auch alle gesichert.

An dieser Stelle auch die dringende Bitte, gehende Kinder bei abschüssigen Stellen immer an der Hand zu führen oder zu sichern. Ebenso die Trage mit dem Kind niemals unbeaufsichtigt lassen! Den Spielbereich immer vorher kontrollieren und mit den Kindern vereinbaren, wo sie sich aufhalten dürfen. Kleinere Kinder, die bei solchen Anweisungen überfordert wären, bitte unbedingt beaufsichtigen.
Bitte nicht von den Wegen abweichen!

Wegbezeichnungen:
Kiesweg: Guter, breiter, mit Kies oder feinem Schotter aufgeschütteter Weg
Schotterweg/-straße oder Forstweg/-straße: Breite, geschotterte Straße, manchmal auch grober Schotter. Bei Wegen mit Steigungen können nach Unwettern diese Wege ausgewaschen sein. Die Qualität der Wegbeschaffenheit kann daher variieren.
Wald-/Wiesenweg: Breitere Waldwege, die teilweise in der Mitte einen kleinen Wiesenstreifen haben, es könnte auch holprig werden.
Waldweg: Schmale, meist holprige Wege, manchmal sind es jedoch auch breite, für Traktoren angelegte Wege, um Holz zu transportieren.
Wiesenweg: Meist ausgetretene Pfade über gemähte Wiesen. Diese sind für das Allgäu typisch und meist mit geländegängigem Kinderwagen gut begehbar.

Dauer: Die Dauer bezieht sich immer auf die reine Gehzeit für eine Strecke, außer es ist extra erwähnt, z.B. länger, wenn man die Stationen einbezieht – bis zum Ziel. Bei Rundwegen – diese sind mit RW gekennzeichnet – wird die Gesamtdauer des RW angegeben. Mit dem Kinderwagen ist man meist langsamer unterwegs, deshalb sind die Gehzeiten, gerade bei Steigungen und schlechter Bodenbeschaffenheit großzügig bemessen. Die Kilometerangaben in Bezug auf die Dauer können daher variieren.

Wetter: Hier wird jeweils angegeben, bei welcher Witterung die Wanderung geeignet ist.

 Mit normalem oder klassischem Wanderwetter ist trockenes, aber nicht zu heißes Wetter gemeint.

 Wege, die durch Bäume geschützt sind, die nicht zu lange sind und bei denen ein Gasthaus in der Nähe ist, empfehlen wir auch für regnerisches Wetter. Damit ist Nieselwetter gemeint, nicht jedoch, wenn es schüttet oder stürmt.

 Wege, die von Schnee geräumt werden oder wo der Schnee gepresst wird, empfehlen wir auch für den Winter. Die Spur ist dann

gut ersichtlich und wird jeweils von den Verantwortlichen festgelegt, weshalb wir in solchen Fällen keine „Wegbeschreibung“ geben können. Schattige Wege und/oder Wege entlang von kühlenden Gewässern oder Routen in Höhenlagen empfehlen wir für den Hochsommer.

 Dieses Zeichen verwenden wir, wenn es am Weg die Möglichkeit zum Plantschen gibt. Das muss nicht unbedingt ein Strandbad sein.

x/x in der Übersicht bedeutet, dass man dort auch baden kann
x/- bedeutet, dass der Weg für den Hochsommer geeignet ist, man dort jedoch nicht baden kann

Wanderwert für Kinder:
2–3 Jahre: Hier kann nachgelesen werden, welche Attraktionen auf Kleinkinder warten, ob und inwiefern sich die Wanderung auch für diese Altersgruppe eignet. Unter Attraktionen verstehen wir auch Brunnen, Bäche zum Plantschen, Tiere zum Bestaunen etc. Fast immer empfehlen wir in diesem Alter noch, einen Buggy oder eine Kraxe mitzunehmen, um Konditionseinbrüche auffangen zu können.
4–6 Jahre: Hier wird angegeben ob und inwiefern sich die Wanderung auch für diese Altersgruppe eignet.
Fahrrad und Rollrad: Manche Geschwisterkinder können noch gut zum Mitkommen motiviert werden, wenn sie neben den gehenden Erwachsenen her radeln können. Es ist jedoch meist notwendig, dass sie auf Schotterwegen fahren und auch leichte bis mittlere Steigungen bewältigen können. Bitte immer die Wegbeschaffenheit unter „Anforderung“ lesen.

Anfahrt: Um einen Anhaltspunkt zu haben, wurde die Anfahrt fast immer über die nächste Autobahn oder eine größere Bundesstraße beschrieben.
Öffentliche Verkehrsmittel: Das Öffentliche Verkehrsnetz im Allgäu ist gut, aber nicht so gut, dass man mit dem Kinderwagen bequem Touren gehen könnte. Deshalb haben wir sie nicht angeführt.
Ausgangspunkt (AP)/Parkmöglichkeit: Von hier aus startet die Beschreibung der Wanderung.

Navi: Hier geben wir den Ort und die nächstgelegene Straße an. Manchmal auch die Hausnummer (z.B. des letzten Hauses), sofern dies sinnvoll erscheint. Hier bitte auch immer in der Anfahrtsbeschreibung nachlesen.
Infos/Gaststätten: Hier werden die Gaststätten am Ziel, am Weg oder manchmal auch jene zu Beginn der Wanderung angeführt. Dies hat jedoch nichts mit der Qualität der Gaststätte zu tun. Besonderheiten, wie kl. Spielplätze beim Gasthof führen wir zusätzlich an. In Städten und größeren Orten mit mehreren Möglichkeiten haben wir von einer Angabe abgesehen, außer uns ist das Gasthaus bekannt und wir können es empfehlen. Zudem finden sich auch Informationen zu besonderen Orten, z.B. ein Museum oder Schwimmbad, die einen Besuch wert sind.

Wegbeschreibung: Da mit dem Kinderwagen ohnehin größtenteils nur gut ausgebaute Wege möglich sind, sind die meisten Wege gut zu finden. Wir haben versucht, so genau zu beschreiben, dass eine Wanderkarte nicht notwendig ist, gleichzeitig aber auch so kurz wie möglich. Bei gut ausgeschilderten Wegen verweisen wir daher auf die Beschilderung. Zum besseren Verständnis werden bei den meisten Wegführungen auch Skizzen angefügt. Die Wege sind normalerweise auch in einschlägigen Wanderkarten zu finden und meist gut beschildert.

Skizzen/Kartografie:
Die Skizzen sollen einer groben Orientierung dienen. Sie sind keine millimetergenaue Abbildung der Realität. Wir haben nur jene Straßen, Wege und markanten Punkte eingezeichnet, die uns für die Wegfindung wichtig erschienen. Die rote Linie kennzeichnet den beschriebenen Wanderweg. Gestrichelte Linien weisen auf Verlängerungen oder andere Varianten hin. Alle Karten sind nach Norden ausgerichtet.

Hinweise zum Fahren mit der Gondel:
Gondelfahrten und Fahrten auf Passstraßen verursachen immer Druckunterschiede im Ohr. Eine Möglichkeit für Babys damit klarzukommen ist, während der Auffahrt in kurzen Abständen etwas zu trinken (oder

am Schnuller zu nuckeln). Bei älteren Kindern hilft auch Kaugummi kauen oder gähnen. Mit Kindern, die Höhenlagen nicht mögen, muss man ohnehin von solchen Fahrten absehen.

Tragetuchtouren:
Hier haben wir Wege gesammelt, die sehr schön sind, jedoch mit dem Kinderwagen nicht begehbar. Um sie dennoch für Eltern mit Säuglingen zu ermöglichen, haben wir sie in einem gesonderten Kapitel zusammengefasst. Manchmal bietet sich bei den Kinderwagentouren eine besonders schöne Tragetuchvarianten an, diese wird dann als zusätzliche Variante ausgewiesen. Das heißt natürlich nicht, dass nicht alle eher kürzeren Wege auch mit dem Tragetuch oder der Kraxe möglich sind. Gerade im alpinen Gelände ist jedoch Trittsicherheit gefordert.

Legende

★	interessante Orte
P	Parkplatz
■	Gebäude
	Plantschen / Badeplatz
AP	Ausgangspunkt
——	Wanderweg
- - -	Verlängerung

Abkürzungen

AP	Ausgangspunkt
Bhf.	Bahnhof
ca.	circa
ganzj.	ganzjährig
geöff.	geöffnet
geschl.	geschlossen
P	Parkplatz
RW	Rundweg
tgl.	täglich

Clean Clothes

Kampagne für „saubere" Kleidung weltweit

Der Großteil unserer Kleidung wird in Lateinamerika, Asien und Afrika hergestellt. Die normale Arbeitszeit beträgt zwischen 14–17 Std. täglich, 7 Tage die Woche! Die sklavenähnlichen Bedingungen der ArbeiterInnen erinnern an die Bedingungen in Europa im 19. Jahrhundert. Nur das diesmal Reich + Arm nicht mehr im selben Land sondern 10.000e Kilometer entfernt voneinander leben.
In den Fabriken hängen oft Markenhemden und Billighemden nebeneinander. Ein teures Markenhemd sagt keinesfalls aus, dass die Arbeitsbedingungen bei der Herstellung besser waren.

Die Clean Clothes - Kampagne, die von hunderten Organisationen und ArbeiterInnenvereinigungen rund um die Welt getragen wird, setzt sich für die Rechte der ArbeiterInnen und eine Verbesserung der Arbeitsbedingungen in der internationalen Bekleidungs- und Sportartikelindustrie ein.

Schreiben Sie uns oder rufen Sie uns an.
Abonnieren Sie kostenlos den Rundbrief der Clean Clothes Kampagne und informieren Sie sich über Herstellungsweisen – z.B. was hinter Markenartikel-Herstellern steckt:

CH: www.cleanclothes.ch D: www.sauberekleidung.de

Ö: www.cleanclothes.at

I. Raum Alpsee

I. Seespaziergang

mitten in den Bergen bei Immenstadt (729 m)

da

Der Alpsee ist einer der schönsten Seen im Allgäu. An seinem Ostufer stehen bunte Pfahlbauten, die wunderschön eingebettet sind in die Allgäuer Alpen. Er gilt als einer der saubersten Seen Deutschlands. Ein idyllischer Spazierweg führt entlang des Ufers und bietet einen Panoramablick bis auf die Bergmassive der Allgäuer Alpen. Entspannend ist dieser Weg insbesondere, weil Radfahrer entlang des Sees nicht fahren dürfen, sie müssen eine Ausweichroute verwenden. Die Tour haben wir in Ratholz starten lassen, weil hier genug Parkmöglichkeiten sind. In Bühl am See ist das Parken auf 1 Stunde begrenzt. Eine Abkürzung ist über den Parkplatz Trieblings / Froschweiher möglich. Auf der Tour bieten sich verschiedene Möglichkeiten zum Plantschen und Schwimmen im See an.

Wetter: Anforderung: Dauer: 2 h

Anforderung: Leicht; eben; Kiesweg.
Dauer: 2 h; 6 km (eine Strecke).
Wetter: Klass. Wanderwetter, Sommerwetter; im Winter gibt es ausgewiesene Winterwege ab Bühl am See.

Wanderwert für Kinder:

2–3 Jahre:	Kiesstrand zum Steine ins Wasser werfen (bei Bühl am See); Wasser zum Plantschen.
4–6 Jahre:	Siehe unter 2–3 Jahre; Alpsee Bergwelt mit Sommerrodelbahn „Alpencoaster"; Bootsverleih und Minigolf in Bühl am See; Alpseehaus in Bühl am See – Erlebnisausstellung; im Winter Schlittschuhfahren am See.
Kinderfahrrad/ Rollrad:	Gut geeignet. Fahrräder sind am Seeufer verboten, an Laufrädern und Kinderradler-Innen wird sich aber wohl niemand stören.

Anfahrt: Aus der Richtung Immenstadt in Richtung Oberstaufen kommend – gegenüber der Alpsee Bergwelt rechts nach Ratholz abbiegen. Der Wanderparkplatz befindet sich beim Schützenhaus Ratholz kurz hinter dem Gasthof Jägerhaus. (Navi: D-87509 Immenstadt, Ratholz)

Ausgangspunkt: Kostenloser öffentlicher Parkplatz Ratholz, gegenüber Alpsee Bergwelt.Abkürzung der Route: gebührenpflichtiger Parkplatz Trieblings / Froschweiher (bis 5 h / 1 Euro). Erreichbar über Bühl am See.

Infos/Gaststätten: *Alpsee Bergwelt, Sommerrodelbahn in der Nähe des AP, www.alpsee-bergwelt.de. *Strandbad Hauser, Seecafé und kostenpflichtiges Freibad, gepflegte Liegewiesen mit Spielmöglichkeit (Grundausstattung), Bootsverleih, Schlittschuhverleih, Tel. +49-8323-6341, ganzjährig geöffnet. *Strandgut, Biergarten mit Blick auf den See, einsehbarer großer Spielplatz (Kletterturm, Rutsche, Schaukel, Trampolin etc.), Tel. +49-151-28445575, www.strandgut-buehl.de, geöffnet bei schönem Wetter von Mai bis Ende Oktober. *Strandcafé, www.strandcafé-buehl.de. *Alpseehaus, Erlebnisausstellung „Die Natur mit anderen Augen sehen", Verkauf von Käse der Bergkäserei Diepolz, Tel. +49-8323-99880, www.alpseehaus.de.

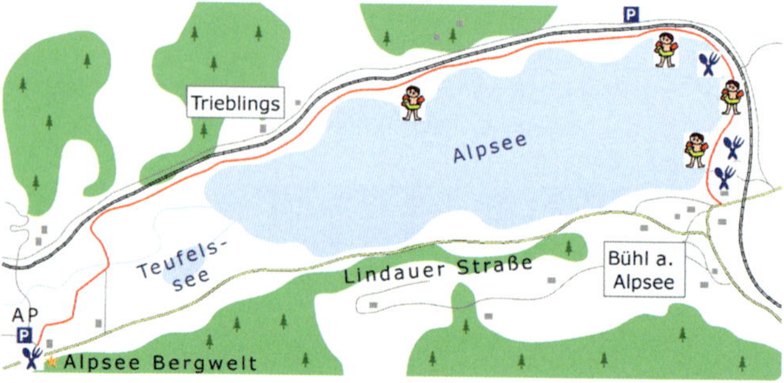

Wegbeschreibung:
Grundsätzlich kann der Beschilderung nach Bühl gefolgt werden. Vom Parkplatz Ratholz führt rechts neben dem Schützenhaus ein Feldweg über einen Bach und schlängelt sich durch die Wiesen in Richtung Trieblings. Der Weg führt schon bald zwischen Alpsee und Bahnlinie am Ufer entlang, vorbei am Strandbad Hauser nach Bühl am See. Rückweg wie Hinweg.

2. Leichte Almtour bei Bühl am See
zur Siedel- und Jugetalpe mit Alpseeblick (1.010 m)

da

Die beiden Alpen sind sehr bequem zu erreichen. Bei der Siedelalpe bietet sich ein wunderbarer Blick auf den Alpsee und die Berge. Kinder können Kühe, Ziegen und Pferde bestaunen und sich auf dem schön angelegten Spielplatz austoben. Für die Größeren der kleinen Gipfelstürmer ist das Gipfelkreuz des Köpfle in ca. 5 Minuten Gehzeit – leider ohne Kinderwagen – ein sehr schöner Abstecher.

Wetter: Anforderung: Dauer: 30 min

Anforderung:	Leicht; leichter beständiger Anstieg; Kiesweg anfangs durchwurzelt, dann Forststraße.
Dauer:	0,5 h; 1,5 km (eine Strecke); 70 Hm.
Wetter:	Klass. Wanderwetter; Regenwetter.

Wanderwert für Kinder:

2–3 Jahre:	Kühe, Ziegen und Pferde auf den Weiden; Wald lädt zum Entdecken ein; Spielplatz auf der Siedelalpe.
4–6 Jahre:	Siehe unter 2–3 Jahre; am AP beim Picknickplatz angelegter Parcours zum Balancieren auf Holz (Achtung rutschig bei Nässe!).
Kinderfahrrad:	Nicht geeignet.

Anfahrt: Von Immenstadt kommend am Kreisel zweite Ausfahrt in Richtung Missen nehmen – nach dem Ort Zaumberg kommt auf der linken Seite der Parkplatz Schlettermoos.Der große Wanderparkplatz befindet sich zwischen Immenstadt und Missen nach der scharfen Rechtskurve auf der linken Seite.
(Navi: D- 87509 Immenstadt, Luitharz 5 = nächstgelegenes Haus!)

Ausgangspunkt: Öffentlicher gebührenpflichtiger Wanderparkplatz Schlettermoos.

Infos/Gaststätten: *Siedelalpe, Brotzeit, ab 13 Uhr selbstgebackener Kuchen, kleiner Spielplatz mit Sandkasten, Schaukel und Rutsche, Tel. +49-8323-4365, nur im Sommer offen, Mi ab 17 Uhr geschlossen. *Jugetalpe, Brotzeit, Tel. +49-8320-510, nur im Sommer offen.

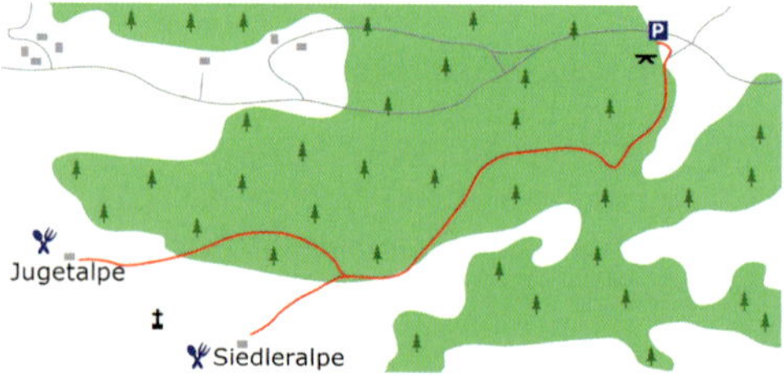

Wegbeschreibung:

Der Weg zur Siedel- und Jugetalpe ist gut beschildert. Am Parkplatz Schlettermoos führt links an der Picknickbank vorbei ein Kiesweg in Richtung Siedel- und Jugetalpe. Am großen Forstweg rechts und diesem folgen, bis der Weg sich zweigt. Links siehst du dann die Siedelalpe und rechts geht es noch 10 Minuten weiter bis zur Jugetalpe.

3. Auf den Hauchenberg

zum Aussichtsturm Alpkönigblick, bei Diepolz (1.250 m)

da

Gleich zu Beginn ein wichtiger Hinweis: Diese Tour ist ein Grenzfall hinsichtlich Kinderwagentauglichkeit und ist nur zu zweit möglich. Aber wir wollten einfach auch mal unsere sportlichen Grenzen mit dem Kinderwagen testen und den Berg erklimmen. Der hier beschriebene Weg zur Kling's Hütte schien uns dafür ganz gut geeignet. Leider führt er über mindestens drei Drehkreuze und Zäune, über die man den Kinderwagen heben muss – ein bisschen verrückt muss man also für diese Tour sein, aber es lohnt sich. Besonders der Aussichtsturm „Alpkönigblick" ist ein zusätzlicher Spaßfaktor und der Rundblick von der Zugspitze bis zum Säntis ist den Ausflug wert. Die Wiesen sind relativ gut zu befahren. Sie sind im Allgäu typisch und gut ausgetreten, nur das Stück von der Kling's Hütte zur Forststraße (ca. 200 m) ist etwas holpriger. Das Bergbauernmuseum Diepolz bietet sich fast als eigenes Ausflugsziel an.

Wetter:  ◐ Anforderung: ● Dauer: 1 h

Anforderung:	Schwer; sehr steile Passagen (anfänglich ca. 600 m auf steiler Teerstraße, später guter, flacher Forstweg durch den Wald, danach ca. 100 m steil abwärts über Wiese, dann ca. 800 m ansteigend auf einem Schotterweg.); mind. 3 sehr schmale Drehkreuze oder Weidezäune (je nach Jahreszeit); nur zu zweit zu bewältigen.
Dauer:	1 h; 3 km (eine Strecke); 270 Hm.
Wetter:	Klass. Wanderwetter.

Wanderwert für Kinder:

2–3 Jahre:	Bergbauernmuseum Diepolz – Tiere, Spielgeräte – alles, was das Kinderherz begehrt, inkl. Heuhüpfen; auf der Höhe Höfele Alpe ist ein Natursitz in einen Baumstamm gesägt; Aussichtsturm „Alpkönigblick".
4–6 Jahre:	Siehe unter 2–3 Jahre.
Kinderfahrrad:	Nicht geeignet.

Anfahrt: Von Immenstadt kommend in Richtung Missen-Wilhalms – im Ort Missen-Wilhalms rechts in Richtung Börlas/Diepolz abbiegen – durch Börlas hindurch nach Diepolz. (Navi: D- 87509 Immenstadt-Diepolz, Diepolz 44)

Ausgangspunkt: Kostenloser Parkplatz Kirche in Diepolz oder kostenloser Parkplatz beim Bergbauernmuseum.

Infos/Gaststätten: *Kling's Hütte, regionale Brotzeit, Aussichtsterrasse, Schaukel und Rutsche, Tel. +49-8320-925237, www.klings-huette.de, während der Alpsaison (ca. 1. Mai bis Anfang Nov.) am Wochenende und feiertags offen, im Winter siehe Homepage. *Höfele Alpe, kleiner Gastraum, Terrasse mit Bergblick, Tel. +49-8323-4915. *Bergbauernmuseum Diepolz, April bis Nov. geöffnet von 10-18 h, www.bergbauernmuseum.de. *Gasthaus Traube in Diepolz, Tel. +49-8320-244.

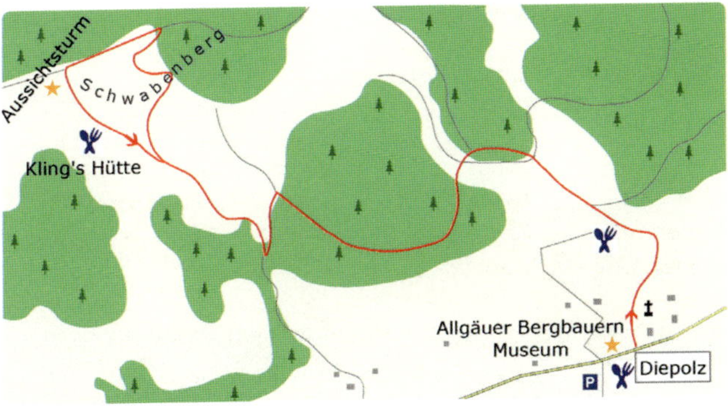

Wegbeschreibung:

In Diepolz gegenüber dem Gasthaus Traube führt eine Straße in Richtung Höfele Alp. Diese geht an der Dorfkirche vorbei. Hier ist ein kurzes, richtig steiles Stück Asphaltstraße zu bewältigen. Folge vorerst (Achtung, mit dem Kinderwagen muss teilweise eine alternative Route als die ausgeschilderte gegangen werden) der Beschilderung in Richtung Alpkönigblick/ Kling's Hütte. Am Marterl geht es links. Es gibt schon bald zwei ausgeschilderte Wege zur Kling's Hütte, mit dem Kinderwagen solltest du den Wegweiser immer geradeaus wählen. Die Variante nach rechts ist nicht kinderwagentauglich. Nach dem Durchqueren des Waldes geht es nach dem Weidezaun links die Weide hinunter. Hier muss der Kinderwagen zweimal über den Zaun gehoben werden. Anschließend folgst du rechts dem steilen Forstweg hinauf zum bereits sichtbaren Aussichtsturm „Alpkönigblick". Am Ende des Forstweges geht es links über die Wiese. Über den ausgetrampelten Grasweg geht es vom Turm hinab zur Kling's Hütte. Zurück geht es direkt auf die Forststraße hinab und den gleichen Weg retour.